근데, 영화 한 편 씹어먹어 봤니?

● 학력도 스펙도 나이도 필요없는 신왕국의 코어소리영어 ●

신왕국 지음

ENGLISH

내 영어 인생을 뒤바꿔 놓은 '영화 씹어먹기'

영어에 관심이 많은 주위 사람들은 제가 영어를 한국말처럼 구사하는 모습을 보곤 묻습니다. "어떻게 하면 영어를 자유롭게 말할 수 있나요?" 저는 이렇게 대답합니다. "영화 한 편만 잘근잘근 완전히 씹어먹으시면 누구나 가능합니다!" 제 대답을 들은 대부분의 사람들은 못 믿는 눈치입니다. 초등학교 때부터 지금까지 수십 년이 넘도록 영어와 씨름했는데도 말 한마디 나오지 않는데 어떻게 영화 한 편으로 영어가 되느냐는 말이죠. 그분들의 마음도 충분히 이해가 됩니다.

제게도 영어는 그랬습니다. 저는 원래 시골의 임대 아파트에 사는 고교 자퇴생이었습니다. 가진 것은 프로 복서 자격증뿐이었죠.

앞길이 막막했고 현실은 시궁창만 같았습니다. 그러다 스무 살 때 영어 공부를 시작했습니다. 영어 까막눈이던 제가 인생에서 처음으로 해 보는 영어 공부였으니 이 역시 막막하더군요.

고등학교용 영단어는커녕 중학교용 영단어도 버거웠습니다. 무엇부터 손을 대야 할지 몰랐습니다. 문법 교재를 공부해 보기도 하고, 영어 소설책을 읽어 보기도 하고, 영어 라디오 프로그램을 무작정 들어 보기도 했습니다. 하지만 별 진전이 없었습니다. '아, 영어를 평생 배워야 하는 게 아닌가' 하고 좌절하기도 했습니다.

그러던 제 영어 실력은 애니메이션에서 출발해 영화 한 편을 완벽히 넘어서면서 180도로 뒤바뀌기 시작했습니다. 제 방 안에 틀어박혀 홀로 영화를 공부한 지 6개월 만에 영어가 한국어처럼 들렸습니다. 그리고 1년 만에 미국으로 떠나게 되었습니다. 세계 10위권의 명문대로 손꼽히는 미국 UC버클리에도 합격했습니다. 지금은 '영화 한 편 씹어먹기'의 중요성을 알리고 있는 저는, 원어민과 영어로 자유롭게 토론을 하고 영어로 친구들을 사귀고 영어로 누군가를 가르치는 데 조금의 어려움도 없습니다.

UC버클리 재학 시절, 읽기와 쓰기는 어느 정도 하지만 듣기와 말하기는 도저히 되지 않아 힘들어하는 한국인 유학생들을 자주 보았습니다. 그들의 과제를 도와주거나 조언을 해 주다가 주위의 권유로 동영상을 찍어 유튜브에 올렸습니다. 그러다 취미 삼아 네이버 카페를 만들었는데, 6개월 만에 3천 명 가까운 사람들이 가입했습니다. 그중에는 명문대생과 전문직도 많았습니다. 심지어 학생들에게 영어를 가르치는 영어 선생님들도 많았습니다. 이들을 만나며 대한민국에서 얼마나 많은 사람들이 영어로 인해 힘들어하고 있는지 실감할 수 있었습니다.

저의 이런 이야기가 믿기 힘들다는 점을 저도 잘 알고 있습니다. 하지만 이 이야기는 조금의 과장도 보태지 않은 사실입니다. 이 책은 제게 영어 잘하는 법을 질문했던 분들에 대한 대답이자, 영어로 힘들어하는 수많은 분들에게 드리는 해답입니다.

영화 씹어먹기라면 가능하다

저는 이 책에 두 가지 메시지를 담았습니다.

하나, 반에서 영어 최하위권을 벗어나 본 적이 없는 저를 원어민처럼 듣고 말할 수 있게 해 준 방법을 여러분에게 전해 드리는 것입니다. 그저 단순히 영화를 보는 방법이 아니라 영화 씹어먹기 방법입니다. 제가 어떤 식으로 영화 씹어먹기를 했는지 이야기해 드리고, 여러분이 영화 씹어먹기를 스스로 적용하고 실천할 수 있도록 1, 2, 3단계로 그 과정을 알려 드리겠습니다.

둘, 영어에 대한 열망을 가지고 있으면서도 이런저런 사정으로 영어 공부를 제대로 하지 못하는 분들, 영어에 도전할 엄두조차 내지 못하는 분들, 영어라면 이미 자포자기 상태이신 분들이 많습니다. 그런 분들에게 용기와 희망을 심어 드리고 싶습니다. 고등학교를 자퇴할 정도로 공부와는 거리가 멀었고 임대 아파트에 살 정도로 집안 형편도 어려웠던 저도 영어를 정복해 냈습니다. 여러분이라고 못 하실 이유가 없습니다. 하실 수 있습니다. 영화 씹어먹기를 통해서라면 가능합니다.

제가 영화 한 편을 완전히 씹어먹어 보라고 말하면 대부분의 사람들은 반신반의하더군요. "영화 한 편 씹어먹기, 정말 그걸로 가능할까요?" 저는 분명히 말씀드립니다. "네, 그걸로 됩니다. 제가 그 증인인걸요."

영어라는 도구를 정복하라

우리가 종종 잊어버리는 사실이 있습니다. 영어는 어디까지나 목표가 아니라 도구라는 사실입니다. 영어를 익히려는 것은 영어를 통해서 자신의 목표를 이루기 위해서입니다.

여러분은 영어를 잘하려고 하는 이유가 무엇인지, 여러분의 삶이 영어를 통해 어떻게 바뀌게 될지 생각해 보셨나요? 그것은 세계 각국의 사람들과 자유롭게 소통하는 것일 수도 있고, 우리나라에서 또는 외국에서 새로운 배움이나 일의 기회를 잡는 것일 수도 있습니다.

그렇다면 고작 영어라는 도구에 너무 오래 붙잡혀 있으면 안 됩니다. '영어 공부는 평생 가는 것'이라고 생각하신다면 그건 오해입니다. 영어라는 도구를 완전히 정복해서 여러분의 목표를 이루셔야죠.

삶에 별다른 목표가 없다고요? 그렇다면 더더욱 영어를 정복해 보세요. 영어는 인생을 180도로 바꾸어 주는 가장 확실한 수단이거든요. 제가 고교 자퇴생에서 미국 명문대생이 되었듯이 말입니다.

지금부터 우리는 영화 한 편으로 어떻게 영어를 정복할 수 있는지 알아볼 것입니다. 영화 한 편을 확실하게 여러분의 것으로 만들어 보세요. 그러고 나면 여러분의 영어가 달라지고 영어 실력을 바탕으로 인생도 조금씩 바뀌는 것을 경험하게 될 것입니다. 저와 함께 가 보시죠!

저자 신왕국

CONTENTS

3장 잘근잘근 집요하게, '영화 씹어먹기'의 3단계

4장 당신이 영어를 못하는 진짜 이유

5장 방황하던 노답 인생, 영어로 구원받다

1

시골 고교 자퇴생, 영어를 정복하다

반에서
영어를
가장 못하는 아이

영어는 제게 공포 그 자체였습니다. 저는 영어의 '영' 자도 모를 정도로 영어에 무지했으니까요. 다른 과목들도 대부분 성적이 좋지 않았지만 그중에서도 제 영어 성적은 단연 최하위였습니다.

중학교 때는 학생부장 선생님이 영어 과목 담당이었는데, 이 선생님은 학생들에게 교과서 본문을 반복해서 쓰게 하셨습니다. 무슨 뜻인지도 이해하지 못하는 영어 단어들을 쓰고 있노라면, 정말 고문이 따로 없었습니다.

그래도 이 정도는 참을 수 있었어요. 영어 문장을 해석하는 것에 비하면 말입니다. 선생님은 교과서에 나오는 문장들 중에서 무작위로 골라 학생들에게 해석을 시키셨죠. 해석 실력도 발음 실력도 형편없었던 제게는 무조건 피하고 싶은 순간이었습니다. 쉬는 시간에는 생기가 돌던 몸이 영어 시간만 되면 축축 처질 지경이었으니까요. 저는 속으로 간절히 기도하곤 했습니다.

'제발 영어 선생님이 제 번호를 부르지 않게 해 주세요. 제발, 제발……'

🍿 영어 시간의 대굴욕

그러던 어느 날. 그날도 영어 선생님이 무작위로 문장 해석을 시키고 계셨습니다. 신도 무심하시지, 선생님이 제 번호를 부르셨습니다. 가슴이 덜컥 내려앉더군요.

"다음 문장을 읽고 해석해 봐라."

선생님이 지시한 문장을 바라보았습니다. Wait a second. 고작 세 단어로 이루어진 짧디 짧은 문장이었어요.

웬만한 초등학생들도 이 문장을 보고는 단박에 "웨이트 어 세컨드! 잠시만 기다리라는 뜻이잖아요"라고 답할 겁니다. 하지만 당시 저는 중학생이었음에도 이 문장을 금방 해석할 수 없었습니다. 순식간에 머릿속이 새하얘지더군요.

애써 숨을 가다듬고 한 단어 한 단어 읽어 나갔습니다.

"웨……이트 어 세……컨드."

기어 들어가는 목소리로 겨우 읽고서 고개를 들어 선생님을 살펴보았습니다. 선생님의 표정에는 아무런 변화가 보이지 않았습니다. 틀리게 읽지는 않았구나 싶더라고요. 다행이었죠. 하지만 제 앞에는 훨씬 더 큰 난관, 바로 해석이 남아 있었습니다.

빠르게 머리를 굴렸습니다. wait는 '기다리다', a는 '하나'라는 뜻이 떠올랐습니다. 그런데 second가 문제였습니다. 제가 알기로 second는 '두 번째'라는 뜻인데, 그럼 도무지 앞 단어들과 연결이 되지 않더라고요. 머리를 더 쥐어짰습니다. wait는 '기다리다'이고 a는 '하나'이고 second는 '두 번째'이니까 다 합쳐 보면……

'기다려, 하나 둘? 어라, 그런데 이게 도대체 무슨 뜻이란 말이지?'

아무리 생각해도 말이 되지 않았습니다. 제가 금방 답을 말하지 못한 채 우물쭈물하고 있으니까 선생님과 반 아이들의 시선이 제게 쏠렸습니다. 교실 안은 조용했지만 제 귀에는 '저 녀석 뭐 하는 거야?'라는 수군거림이 들리는 것만 같았죠.

마침내 겨우 입을 열어 제가 생각해 낸 답을 말했습니다.

"기다려, 하나 둘."

몇몇 아이들이 킥킥댔습니다. 제 답이 틀렸다는 것을 단박에 알 수 있었죠. 얼굴이 벌겋게 달아올랐습니다.

선생님은 저를 꾸짖지도 비웃지도 않으셨습니다. 애초에 제게

별 기대가 없었다는 듯 그저 덤덤한 태도로 이렇게 말씀하실 뿐이었습니다.

"여기서 second는 1초, 2초 할 때의 그 '초'를 의미한다. 또한 '아주 잠깐'을 의미하기도 하지. 그러니까 이 문장을 해석하면 '잠시만 기다려라'가 되는 거다. 다들 알겠지?"

'쥐구멍에라도 들어가고 싶다, 이 말은 이때 쓰는 거구나' 하는 생각이 들더군요.

계속해서 다른 아이들이 선생님의 지시에 따라 영어 문장을 읽고 해석했습니다. Wait a second보다 훨씬 긴 문장들도 척척 해나가더라고요. 특히 어릴 적 외국에 살다 왔다는 아이는 원어민 같은 발음에다 해석도 어찌나 잘하는지, 이미 기가 죽어 있던 저는 이대로 교실에서 소멸해 버리고만 싶은 심정이었습니다.

반에서 영어를 가장 못하는 아이.

영어와는 거리가 멀어도 한참 먼 아이.

영어 교과서든 팝송이든 할리우드 영화든 영어 문장이라면 그저 '쏼라쏼라~'로만 들리는 아이.

영어로 말할 수 있는 것이라고는 "하이, 하와유? 마이 네임 이즈 왕국. 아임 파인. 탱큐"가 유일한 아이.

그래서 Wait a second라는 너무도 쉬운 문장을 '기다려, 하나

둘'이라고 엉뚱하게 해석했다가 친구들의 비웃음을 자초하는 아이.

저는 바로 그런 아이였습니다.

지금은 영어로 동시에 원어민과 자유롭게 대화하고, 세계적 명문대 UC버클리의 학생이며, 동시에 영어 강사이기도 한 저의 출발은 그렇게 영어와 담을 쌓고 사는 충북 제천 출신의 촌뜨기였습니다.

영화에서
영어의
답을 찾다

그로부터 몇 년 후 저는 학교 짱과의 싸움이 계기가 되어 고교 자퇴생이 되었습니다. 물론 공부가 재미없기도 했습니다. 점점 더 학교에 다녀야 할 이유를 찾지 못했고 결국 고2때 학교를 떠나게 되었습니다.

학교를 다닐 때도 안하던 공부를 자퇴생이 된 다음에 할 리 만무했습니다. 하루하루 소위 '노는 애들'과 무리 지어 돌아다니며 게임이나 시시껄렁한 놀이를 하는 것이 전부였죠. 허송세월로 몇 달이 훌쩍 지나갔습니다.

그러다 아버지 어머니의 모습이 눈에 들어왔습니다. 형편이 어려워 임대 아파트에 사는 상황에서도 자식의 교육이라면 정성을 아끼지 않으시는 부모님. 맞벌이를 하느라 고된 일과에도 집에 돌아오면 책을 펼치시는 부모님. 그런 부모님을 두고서 공부를 외면하는 저 자신이 부끄러워졌습니다.

저는 공부에 도전하기로 결심했습니다. 어울려 다니던 친구들의 연락처를 핸드폰에서 지우면서까지 마음을 단단히 먹고 공부를 시작했습니다. 태어나 처음 해 보는 공부라고 해도 틀린 말이 아니었습니다.

어라? 그런데 의외로 공부가 제법 재미있더라고요. 하긴 그럴 수밖에 없는 것이, 선생님이 있는 것도 아니고 시간표가 있는 것도 아니니 흥미가 가는 과목에만 집중했거든요.

저의 가장 큰 흥미를 끈 과목, 그것은 뜻밖에도 영어였습니다.

🍿 영어한테 지지 않겠어!

영어를 공부하기 시작했을 때 처음 가진 마음은 복수심이었습니다. '네가 날 그토록 쪽팔리게 만들었던 영어냐? 내가 널 내 앞에 무릎 꿇리고 말겠다'라는 마음이었죠.

하지만 여전히 영어는 호락호락하지 않았습니다. 국어 교재는 읽으면 적어도 무슨 말인지 금방 알아들을 수 있었습니다. 수학 교재는 공식을 대입하면 쉬운 문제 정도는 풀 수 있었습니다. 하지만 영어는 이건 뭐, 그저 암호문이더라고요.

　문법이든 단어든 기초가 거의 안 잡혀 있으니 진도가 나가지 않았습니다. 어디서부터 손을 대야 할지 속수무책이었죠. 그런데 그러니까 오히려 오기가 생기는 겁니다. 이대로 영어에 패배해 물러나고 싶지 않았습니다.

　그래서 서점을 찾았습니다. 언제 마지막으로 갔는지 기억이 가물가물할 정도로 오랜만에 서점에 가는 것이었습니다. 영어 코너에 간 저는 깜짝 놀랐습니다. 영어 공부에 대한 책이 이렇게나 많다니. 정말 갖가지 영어 공부 방법들이 소개되어 있더군요.

　어떤 저자는 시골에 살아서 영어를 접할 기회가 많지 않았음에도 하루 종일 영어 애니메이션만 보다 보니 토익 고득점을 받았다고 했습니다. 어떤 저자는 CNN 뉴스를 하루 종일 듣다 보니 귀가 트였다고 했습니다. 또 어떤 저자는 미국 드라마 세 편과 소설한 편이면 영어를 모국어처럼 할 수 있게 된다고 했습니다.

　그중에는 저보다도 더 어린 저자도 있었습니다. 반면 저보다 훨씬 나이가 많은 할아버지인 저자도 있었습니다. 저와 똑같이 토종한국인으로서 한국어만 쓰고 살다가 영어를 원어민 수준으로 구사하게 되었다는 사실이 그저 신기하기만 했습니다.

🍿 영화로 영어를 공부해 보자

영어 공부에 대한 책들 중에서도 인상적인 몇 권을 구입해 집으로 가져갔습니다. 몇 날 며칠을 그 책들만 보며 영어 공부 방법들을 비교해 보았습니다.

놀라운 것은 적어도 한 가지 사실만큼은 모든 책들이 공통적으로 주장하고 있다는 점이었습니다. 영어를 읽기와 쓰기 위주로 공부하면 안 된다는 것이었죠. 그런데 우리나라 공교육에서는 일본의 영향으로 인해 읽기와 쓰기 위주로 영어를 가르칩니다. 그러다 보니 자연히 영어 과목이 암기 과목이 되고 마는 현실입니다.

학창 시절, 저 역시 암기 위주의 영어 교육을 경험했죠. 암기에 대한 부담으로 영어와 전혀 친해지지 못했던 터라 그런 주장에 무척 공감이 갔습니다.

영어 공부 방법들을 비교해 보다 보니, 저와 가장 잘 맞는 방법은 바로 이것이라는 생각이 들었습니다. 바로 '영화를 보며 영어를 공부하는 것'. 학교에서 영어 수업을 받을 때처럼 달달 암기하느라 애쓸 필요가 없을 것 같았거든요. 제가 암기라면 얼마나 질색을 하는 사람인지 아시겠죠?

이쯤되자 영화를 통해 영어 공부를 하겠다는 제 생각이 맞는지 확인해 보고 싶었습니다. 하지만 제 주위에는 영어를 잘하는 사람이 아무도 없었습니다. 학교를 그만둔 마당에 영어 담당 선생님이나 공부 좀 한다는 우등생 친구들에게 연락하기도 뭐했습니다. 어차피 선생님과 우등생들도 영어 교과서만 보았지, 영화를 통해 영어를 공부해 보지는 않았을 것 같았고요.

'에라, 일단 그냥 해 보지 뭐.'

제 인생 최초의 영어 공부가 본격적으로 막을 올린 것이죠.

영어가
이렇게
재밌는 거였어?

우선 인터넷을 뒤져 적당한 어학용 프로그램을 찾았습니다. 영화CD 몇 장이 포함된 프로그램이었습니다. 한글 자막·영어 자막·무^無자막 중에서 선택할 수 있고, 한 문장씩 무한 반복하는 기능도 있었습니다.

영화는 애니메이션 〈라푼젤〉을 골랐습니다. 18년 동안 탑에 갇혀 지내던 소녀 라푼젤이 난생처음 탑 밖의 세상으로 나가면서 벌어지는 이야기죠. 전 세계적으로 많은 인기를 끌었고 평점도 굉장히 좋습니다. 여러 번 보아도 질리지 않을 것 같다는 것이 제가 〈라푼젤〉을 선택한 결정적인 이유였습니다.

준비물을 다 챙겼으니 이제 할 일은 실제로 공부를 하는 것이었습니다.

🍿 영화 대사를 씹어먹을 기세로

전에는 영어 공부라 하면 무척 복잡하고 거창한 것인 줄만 알았습니다. 하지만 영화를 보며 영어를 공부하는 방법은 그 방식이 무척 간단했습니다.

일단 〈라푼젤〉을 무자막 상태로 재생했습니다. 영화 대사를 정확히 듣는 데 집중했습니다. 물론 잘 안 들리는 대사가 태반이었습니다. 10개 중 하나는 고사하고 100개 중 하나도 안 들렸습니다. 안 들리는 대사는 다시 반복했습니다. 잘 들릴 때까지 반복해서 들었습니다.

쉬운 문장은 수십 번 반복하면 잘 들렸습니다. 하지만 어려운 문장은 반복하고 또 반복해도, 심지어 900번에서 1000번가량 반복해도 잘 들리지 않았습니다. 정 안 들리는 경우에는 영문 자막을 켰습니다. 그리고 어떤 문장인지 확인했습니다.

대사를 들은 다음에는 그 대사를 따라 말했습니다. 이때 대사가 나오는 것과 동시에 말했습니다. 단순히 문장을 익힌다기보다도 소리 자체를 스캔해 낸다는 느낌으로 최대한 정확히 말하려고 노력했습니다.

제 입에서 그 대사가 완벽에 가깝게 나오게 되면, 그래서 그 문장이 제 것이 되었다고 판단되면 다음 대사로 넘어갔습니다. 그리고 다시 반복을 시작했습니다. 영화 대사를 반복해서 듣기, 그리고 반복해서 따라 말하기. 이것이 제 공부 방법의 핵심이었고 거의 전부였습니다.

그때의 저를 떠올려 보면, 영화 대사 하나하나를 잘근잘근 완전히 씹어 먹어 버리겠다는 기세로 달려들었던 것 같습니다.

🍿 문법과 단어, 몰라도 되더라

물론 저는 영어 문법이나 단어에 대한 기초가 턱없이 부족한 상태였습니다. 오죽하면 Wait a second를 '기다려, 하나 둘'이라고 했을까요.

하지만 영화를 보는 동안 그런 점은 전혀 신경 쓰지 않았습니다. 오히려 영화가 문법과 단어까지 해결해 주던걸요.

학교에서 영어 수업을 받을 때는 현재 시제는 뭐고 현재완료 시제는 뭔지, 이 문장에서 이 단어는 무슨 뜻이고 저 단어는 무슨 뜻인지 암기해야 했죠. 반면, 영화를 보며 영어 공부를 할 때는 굳이 그러지 않아도 괜찮았습니다. 화면 속 상황을 보면 등장인물이 과거를 회상하는지 미래를 예상하는지, 어떤 상황에서 어떤 의미로 말하는지를 충분히 이해할 수 있었으니까요.

영화 대사를 반복해서 듣고 반복해서 따라 말하다 보니, 따로 암기하지 않았는데도 자연스레 영어 문법이 이해되었습니다. 아는 단어도 자연스레 많아졌습니다.

🍿 영어의 재미에 사로잡히다

〈라푼젤〉의 대사는 1000개가 조금 넘는 개수. 처음에는 이걸 어느 세월에 다 끝낼 수 있을까 까마득했죠. 하지만 그 과정이 제게는 전혀 지루하지 않았습니다. 오히려 놀이를 하듯 즐겁기만 하더라고요. 그만큼 〈라푼젤〉은 참 재미있는 애니메이션입니다.

하지만 이보다 더 큰 이유가 있었습니다. 그것은 제가 영어 공부의 재미에 완전히 빠져 버렸다는 것이었습니다. 처음에는 일종의 복수심으로 시작한 영어 공부였습니다. 그런데 이제 복수심 따위는 생각도 나지 않았습니다. 일단 영화로 영어를 배우는 데 빠져 버리고 나니 도저히 헤어 나올 수 없더군요. 원래는 국어와 수학도 좀 공부하고 있었는데 다 작파하고 오로지 영어 공부에만 올인했습니다. 영어 외에는 아무것도 관심이 없었습니다.

목욕을 하면서도, 스트레칭을 하면서도, 심지어 화장실에 앉아 있으면서도 영화 대사를 따라 말했습니다. 잠자는 시간을 제

외한 거의 모든 시간을 영화를 보며 영어 공부를 하는 데 쏟았습니다.

아니, 어쩌면 잠자는 시간까지 영어 공부에 쏟았다고도 할 수 있겠네요. 잠자는 동안에도 영화를 틀어 놓았으니까요. 종종 꿈속에서도 영화 대사를 따라 말했습니다.

가끔 이런 질문을 받습니다. 고등학교를 자퇴한 후 어떤 동기나 목표가 있었길래 그토록 영어를 파고들게 되었느냐고요. 그것도 시험용 영어가 아닌 진짜 영어, 그야말로 원어민처럼 듣고 말하기 위한 영어를 말이죠.

저는 이렇게 대답합니다.

"별다른 동기도 없고 목표도 없었어요. 재밌어서 자꾸 하다 보니 그렇게 됐을 뿐이에요."

그러면 상대방은 믿기지 않는다는 표정으로 고개를 갸웃합니다. 혹시 무언가 사연이 있는데 숨기고 있는 것은 아닌가 짐짓 떠보기도 합니다.

하지만 정말입니다. 영화를 보며 영어 공부를 하는 것이 정말 재미있었어요. 그래서 자꾸자꾸 하다 보니 저도 모르게 그토록 영어를 파고들게 된 것이죠.

들린다, 들려!
영어가
한국어처럼 들려!

　몰입에 대한 책을 읽은 적이 있습니다. 사람은 오랜 시간 한 가지 일만 계속하다 보면 집중력이 흐려지면서 '왜 이렇게 시간이 안 가나' 하고 생각하기 마련입니다. 그런데 무언가에 몰입하게 되면 무아지경의 경지에 빠져서 시간이 얼마나 흐르는지도 의식하지 못하게 된다고 합니다. 한마디로, 시간을 초월해 버린다고나 할까요.

　제가 딱 그랬습니다. 노트북에서 영화를 틀고 영어 공부를 하다 보면 시간 가는 줄을 몰랐습니다. 아침에 눈을 뜨자마자 자동으로 노트북 앞에 앉아 영어 공부를 시작했는데, 문득 정신을 차려 보면 어느새 저녁이 되어 있었습니다. 때로 밥 먹는 것까지 잊어버릴 정도였습니다.

🍿 애니메이션을 넘어 일반 영화로

몰입의 힘 덕분에, 〈라푼젤〉을 끝까지 마칠 수 있었습니다. 영화 한 편의 대사를 다 제 것으로 만들었다는 생각에 너무도 뿌듯했습니다. 자신감도 솟구쳤습니다.

이어서 또 다른 애니메이션 〈슈퍼배드〉을 가지고 똑같은 방법으로 영어 공부를 했습니다. 확실히 〈라푼젤〉을 처음 볼 때보다 영화 대사가 훨씬 잘 들리더군요. 그다음에는 〈미운 오리 새끼와 랫소의 모험〉으로 역시 똑같이 했습니다. 더더욱 영어가 잘 들렸습니다.

여기까지 하고 나니까 더 이상 애니메이션은 보지 않아도 되겠더라고요. 이제 어느 애니메이션을 보아도 모든 대사가 잘 들렸거든요.

그렇다면 이제는 일반 영화로 넘어갈 차례였습니다. 그런데 일반 영화를 본 저는 당황할 수밖에 없었습니다. 이게 웬일인지, 기대만큼 대사가 잘 들리지 않더라고요.

일반 영화의 대사가 문법이 유난히 더 복잡하다거나 단어가 유난히 더 어렵기 때문은 아니었습니다. 영어 자막을 확인해 보면 그렇지 않다는 사실을 잘 알 수 있었습니다. 원인은 이것이었죠. 일반 영화의 대사는 어린이용인 애니메이션의 대사보다 덜 또박또박하다는 것.

그렇다고 제 영어 공부 방법이 달라지지는 않았습니다. 일반 영화를 볼 때도 애니메이션을 볼 때와 동일한 방법으로 대사를 반복해서 듣고 반복해서 따라 말했습니다.

다만 애니메이션을 볼 때보다도 더욱 영어 소리의 특성에 신경 썼습니다. 한국어와 구별되는 영어만의 발성, 강세, 리듬에 더욱 집중하면서 듣고 따라 말한 것이죠.

🍿 6개월 만에 영어 귀가 확 트이다

일반 영화들 중에 제가 맨 처음 고른 영화는 〈타이타닉〉이었습니다. 영어 공부를 시작하기 한참 전부터 제가 가장 좋아하는 영화였거든요.

〈타이타닉〉 하면 저는 어린 시절의 추억들이 새록새록 떠오릅니다. 지금은 다 사라졌지만 그때만 해도 동네마다 비디오 가게가 있었죠. 어머니는 자주 비디오 가게에서 〈타이타닉〉을 빌려 틀어 주셨습니다. 할머니 댁에 놀러 갔을 때도 저와 동생은 〈타이타닉〉 비디오를 빌려 보곤 했습니다. 그만큼 봐도 봐도 질리지 않는 영화입니다.

길이가 무려 세 시간이 넘는다는 사실도 〈타이타닉〉을 고른 이유였습니다. 길이가 길다는 것은 그만큼 많은 대사를 제 것으로 만들 수 있다는 뜻이니까요.

이번에도 애니메이션을 볼 때와 같이 어찌나 반복하고 또 반복했는지, 〈타이타닉〉 초반부에 등장하는 이 대사는 수년이 지난 아직까지도 종종 떠오릅니다. 침몰해 있던 타이타닉 호에서 누드화가 발견되었을 때 이제는 할머니가 된 로즈가 전화를 걸어 하는 말이죠.

"The woman in the picture is me.(그 그림 속의 여자는 나예요)"

애니메이션에서 일반 영화로 넘어왔을 때만 해도 걱정이 많았는데, 역시나 반복해서 하니까 들리지 않는 대사가 없더군요. 영화가 진행될수록 대사가 점차 또렷하게 들리는 것을 분명히 느낄 수 있었습니다. 그렇게 하다 보니 그토록 긴 〈타이타닉〉도 어느새 끝에 다다르더군요.

〈라푼젤〉 다음에는 두 편의 애니메이션을 더 보았는데, 〈타이타닉〉 다음에는 한 편의 영화를 더 보았습니다. 〈어거스트 러쉬〉였습니다. 이 영화도 역시 대사 하나하나를 씹어먹듯 반복해 한 편이 통째로 제 것이 되도록 했습니다.

그러고 나서 일반 영화를 아무거나 무작위로 선택해 틀어 보았습니다. 당연히 자막이 없는 상태로요. 이럴 수가! 처음 보는 영화인데도 어느덧 모든 대사가 완벽히 선명하게 들리는 겁니다. 그냥 한국 영화의 한국어 대사를 듣고 있는 것만 같았습니다.

그 순간, 두 뺨에서 무언가가 느껴졌습니다. 눈물이 줄줄 흘러

내리고 있었습니다. 한번 터진 눈물은 한동안 그칠 줄을 몰랐습니다. 드디어 해냈다는 감동의 눈물이었습니다.

그렇게 저는 영어 귀가 완전히 트였습니다. 영화를 보며 영어 공부를 시작한 지 고작 6개월 만의 일이었습니다.

영어로 인해
품게 된 꿈

　일단 영화 씹어먹기로 영어 듣기를 정복하고 나니까 차츰 말하기도 술술 풀려 나갔습니다. 영화로 영어 귀가 트인 후 이번에는 영어 말하기만 집중적으로 훈련했더니 두세 달이 지나면서 영어 입도 확실히 트였습니다. 영어도 한국어처럼 유창하게 할 수 있게 된 것이죠.

　그러고 나니까 제 영어 실력을 확인받고 싶은 마음이 들었습니다. 저는 혼자서 영어를 공부했잖아요. 그러니 저 자신 외에는 아무도 제 실력을 알지 못하는 셈이죠.

　입이 근질근질하기도 했고요. 실전에 나서고 싶었어요. 지금까지는 영화라는 간접적 상황에 있었으니 이제 밖으로 나가 실제 상황에서 영어를 써 봐야겠다고 생각했습니다.

🍿 원어민 영어 교사가 내게 한 말

먼저 원어민 전화 영어 업체에 전화를 걸어 레벨 테스트를 받았습니다. 결과는 최고 등급.

하지만 전화로 진행한 평가는 좀 못 미덥다는 느낌이 들었습니다. 원어민을 실제로 만나서 평가받고 싶었습니다. 그래서 이번에는 원어민 영어 학원에 등록했습니다.

그런데 수업을 받은 지 며칠 만에 원어민 강사가 저를 따로 불러서는 이렇게 말하더군요.

"왕국, 나는 네가 왜 이 학원에 다니는지 모르겠어. 네 영어 말하기 실력이라면 굳이 학원에서 배울 필요가 없어. 어떻게 공부했길래 영어 말하기를 이렇게 잘하게 된 거야?"

와! 그 순간 기분이 정말 좋았습니다. 영어가 모국어인 사람에게 제 영어 실력을 인정받은 것이니까요. 더구나 저 혼자 공부한 결과로 말이죠.

"그게 말이지, 내가 영화로……."

저는 신이 나서 원어민 강사에게 제 공부 방법을 설명했습니다. 그러다 문득 머릿속에 한 가지 생각이 떠올라, 즉흥적으로 제안했습니다.

"아직 한국에는 이 방법을 아는 사람이 별로 없는 것 같아. 이 방법으로 영어를 가르치면 사람들한테 도움이 엄청 많이 될 거야. 어때, 나랑 같이 해 보지 않을래?"

원어민 강사는 크게 웃더니 현재 일에 만족하고 있다며 고개를 저었습니다. 저는 그와의 대화가 끝나자마자 원장을 찾아가 학원비를 환불받고 그곳에서 나왔습니다. 하지만 그 생각만큼은 머릿속에서 계속 맴돌더군요.

'이 방법으로 나 혼자만 영어를 잘하게 되는 건 너무 아깝잖아. 영어로 애태우는 우리나라의 많은 사람들이 이 방법을 알게 되면 참 좋을 텐데.'

물론 그 순간에는 미처 몰랐죠. 훗날 제가 이 책을 쓰게 될 줄 말이죠.

🍿 필리핀에서 받은 칭찬

기왕 실전에 나설 거면 아예 외국으로 나가기로 결심했습니다. 하지만 어학연수는 워낙 비용이 많이 들잖아요. 넉넉지 않은 집안 사정을 의식하지 않을 수 없었습니다. 그래서 그나마 비용 부담이 적은 나라, 필리핀으로 정했습니다.

부모님은 아들이 대학 입시는 까맣게 잊고 영어만 미친 듯이 파고 있는 모습을 걱정하면서도 그냥 내버려 두셨죠. 그런데 필리핀 어학연수 계획에는 크게 반대하셨습니다. 그도 그럴 것이, 당시 9시 뉴스에는 필리핀에서 한국 사람들을 대상으로 벌어진 살인 사건이 종종 보도되곤 했거든요.

하지만 저도 고집이 보통이 아니지요. 아들의 거듭된 설득에 부모님은 마지못해 허락해 주셨습니다. 부모님에게 죄송해서 돈을 조금이라도 더 아끼기 위해 저는 유학원을 통하지 않고 직접 어학연수를 준비했습니다. 비행기 표도 저렴한 것으로 구입했습니다.

결국, 저는 부모님의 걱정을 뒤로 하고 필리핀 행 비행기를 탔습니다. 요즘은 유치원생, 초등학생들도 비행기를 자주 탄다던데 저는 비행기를 타는 것이 이때가 처음이었습니다.

드디어 필리핀. 필리핀에서 저는 같은 하숙집에 묵고 있는 현석이라는 형과 친해졌습니다. 형은 베이징 대학교에서 석사 과정을 밟던 중 영어 토론 수업에 어려움을 느껴서 어학연수를 왔다고 했습니다.

저는 현석이 형과 둘이서 현지 출신의 영어 과외 교사를 구해 같이 회화 수업을 받았습니다. 그런데 본의 아니게도 첫 수업부터 거의 다 제가 주도하다시피 말하게 되더군요. 말이 수업이지, 사실상 제가 신나게 수다 떠는 시간에 가까웠습니다. 형은 굉장히 놀라

워했습니다.

"와, 너 마치 원어민처럼 영어를 하는구나. 어떻게 공부를 한 거야?"

저는 현석이 형에게 제가 영화로 어떻게 영어 공부를 했는지 설명해 주었습니다. 그 누가 알았을까요. 고교 자퇴생인 제가 세계적 명문대 학생에게 칭찬을 받고 조언을 해 주는 날이 올 줄 말이죠.

🍿 너, 미국에 가라

여기까지만 보면 제가 현석이 형에게 많은 도움을 준 듯하지만, 사실은 오히려 제가 형으로부터 훨씬 더 많은 도움을 받았습니다. 형은 삶과 관련된 많은 교훈들을 들려주었거든요.

저는 형과 대화하는 시간이 너무 좋아서 틈만 나면 형의 방으로 놀러 갔습니다. 형이 해 주는 말을 노트에 받아 적기도 했습니다.

그러던 어느 날 형이 뜻밖의 권유를 했습니다.

"넌 영어를 잘하니까 미국에 가라. 미국은 기회의 땅이야."

"어떤 기회요?"

"그건 나도 알 수 없지. 하지만 나도 모르고 너도 모르는 수많은 기회가 존재하는 건 분명해. 너 엘론 머스크 알지? 그 사람이 이런 말을 했어. America is where great things are possible more than any other country in the world. 위대한 일들이 가장 많이 일어나는 나라가 바로 미국이다 이거지."

형의 말을 듣는 순간, 가슴이 쿵쾅쿵쾅 뛰었습니다. 미국에 있는 제 모습이 머릿속에 또렷이 그려졌습니다.

한 번도 특별한 꿈을 품어 본 적이 없는 제게 드디어 특별한 꿈이 생기게 된 것이죠. 영어 덕분에 가질 수 있었던 꿈이었습니다.

CNN 뉴스도
정복 완료

한국에 돌아오자마자 집이 아니라 어머니의 가게로 직행했습니다. 아버지의 일이 계속 줄어들어 어머니는 조그마한 신발 가게를 하시고 있었습니다. 다짜고짜 미국에 가겠다는 말을 꺼내자마자 어머니의 반응은 딱 이거였죠.

"얘가 무슨 뜽딴지같은 소릴 하는 거야?"

우리 형편에 미국 유학이라니. 말도 안 되는 이야기라며 어머니는 냉담한 표정을 지으셨습니다.

경제 사정은 둘째 치고, 부모님은 제 영어 실력을 전혀 신뢰하지 않으시더군요.

"미국 유학, 그거 보통 영어 실력으로 되는 게 아니다. 너 정도로는 무리야."

제가 어디서 공인된 영어 점수를 받아 온 것도 아니니 부모님이 못 미더워하시는 것도 당연했습니다. 하지만 원어민 강사에게도 인정받고 세계적 명문대 학생에게도 칭찬받았는데 정작 부모님은 인정해 주시지 않으니 답답했습니다. 그렇다고 저번처럼 무작정 계속 조를 수는 없었습니다. 미국 유학은 필리핀 어학연수와는 스케일이 다르니까요. 부모님을 설득할 전략이 필요했습니다.

그래서 제가 생각해 낸 방법은 바로 CNN 뉴스 정복. CNN이라면 부모님도 잘 아는 세계적인 뉴스 채널이잖아요. 영어 성적이 허구한 날 최하위권을 기록하던 아들이 CNN 뉴스를 능숙하게 통역해 보인다면 부모님이 마음을 바꾸실 것 같았습니다.

미국 유학의 꿈을 가슴에 품은 채 저는 CNN 뉴스를 향해 도전장을 던졌습니다.

🍿 CNN 뉴스도 씹어먹을 기세로

예전에 하루 종일 영화를 봤듯이, 이제는 하루 종일 CNN 뉴스를 보기 시작했습니다. 역시나 이번에도 반복해서 듣고 반복해서 따라 말했습니다.

영어 귀가 뚫렸으니 CNN 뉴스쯤은 금방 정복할 줄 알았습니다. 그런데 영화를 볼 때와는 다른 어려움이 있더라고요. 영화로 볼 때는 내용은 쉬운데 잘 들리지가 않았죠. 그런데 이번에는 아나운서나 기자들의 발음이 워낙 깔끔해서 잘 들리기는 하는데 내용이 너무 어려운 것이 문제였습니다.

단어도 난해한 것이 많고, 쓰이는 단어의 개수도 너무 많았습니다. 영화에서는 전개되는 상황과 등장인물들의 행동에 따라 단어의 뜻을 유추할 수 있었는데, 뉴스의 경우에는 그러기도 힘들었습니다. 뉴스 화면 속 상황을 보아도 대체 무슨 내용인 것인지 금방 파악되지 않았거든요. 문장 구조도 까다로웠습니다. 어떤 문장은 너무 길어서 따라 말하다가 숨이 찰 정도였습니다.

그래도 끈질기게 CNN 뉴스를 보았습니다. 애니메이션을 훈련했듯, 영화를 훈련했듯 보고 또 보고 또 보았습니다. 앉아서도 보고, 서서도 보고, 밥 먹으면서도 보고, 씻으면서도 보고, 잠들기 전에도 보고……. '기초적인 표현조차 못 알아먹던 수준에서 여기까지 왔는데 이거라고 못할쏘냐' 하는 심정이었습니다.

🍿 부모님께 인정받다

그러는 와중에도 틈틈이 부모님 앞에서 당신 아들은 반드시 미국에 갈 거라고 노래를 불렀습니다. 딱 잘라 반대하시던 부모님도 나중에는 반신반의하며 지켜보셨습니다.

처음에는 2분쯤 되는 짧은 뉴스 하나를 완벽히 이해하는 데 한 시간이나 걸렸습니다. 그러던 것이 점차 30분으로 줄어들었습니다. 그러다가 30분이 20분으로 줄어들고, 또 그러다가 20분이 10분으로 줄어들고…….

두 달이 지나자, 마침내 CNN 뉴스도 소리를 들으며 바로바로 이해할 수 있게 되었죠. 우리나라 9시 뉴스를 보는 것 같았습니다.

저는 노트북을 들고 부모님에게 곧장 갔습니다.

"지금부터 제가 하는 거 잘 보세요."

CNN 뉴스를 틀고 즉석에서 통역을 시작했습니다. 그러고 있노라니 마치 부모님 앞에서 쇼케이스를 하는 기분이더군요.

저를 바라보는 부모님의 눈이 휘둥그레졌습니다.

"음…… 확실히…… 영어를 잘하긴 잘하는구나."

"우리 아들 실력이 이 정도나 된다니……."

제 예상이 맞아떨어졌습니다. CNN 뉴스를 정복하니 부모님의 마음도 바뀌었습니다. 제가 아르바이트를 해서 학비를 보태야 하는 조건이 붙긴 했지만, 결국 부모님은 미국 유학을 허락해 주셨습니다.

이때가 〈라푼젤〉로 영어 공부를 시작한 지 약 1년이 되는 시점이었습니다. 영어 까막눈이었던 제가 영어 공부 1년 만에 애니메이션, 영화, CNN을 통달하며 미국 유학을 가게 된 것입니다.

"합격이다!"
영어가 만들어 준
내 인생의 도약

무려 열세 시간의 비행이었습니다. 하지만 미국에서 공부한다는 설렘에 그 시간이 하나도 지루한 줄 모르겠더라고요. 비행기를 타고 있는 동안 지루하기는커녕 영어 공부를 하느라 바빴습니다. 자리에서는 내내 영화를 자막 없이 봤습니다. 비행기 소음이 워낙 커서 영화에서 나는 소리를 정확히 알아듣기 힘들긴 했어요. 대신 비행기 소음 덕분에 소리 내어 영화 대사를 따라 말해도 티가 잘 나지 않아서 아무도 신경 쓰지 않는 점은 참 좋았습니다.

마침내 목적지에 도착했습니다. 그렇게도 가고 싶었던 미국, 그중에서도 시애틀이었습니다.

저는 이곳에 위치한 작은 대학, 에드먼즈 칼리지에서 공부하기로 되어 있었습니다. 이 학교에서 좋은 성적을 받아 좀 더 규모도 크고 명문인 대학에 편입하는 것이 제 목표였습니다.

🍿 영어가 키워 준 공부 근육

미국 대학에서의 출발, 그런데 시작부터 꼬이고 말았지 뭡니까. 필수 과목인 라이팅이 화근이었습니다. 라이팅 수업은 여러 개가 있었는데, 하필 제가 등록한 수업의 담당 교수가 학점을 짜게 주기로 소문이 자자하다고 하더라고요.

과연 수업은 소문대로였습니다. 학생들은 수업 때마다 에세이를 써야 했는데 점수는 대부분 C나 D였습니다. 가장 잘 쓴 학생이 고작 B를 받았습니다. A는 거의 없다시피 할 정도였어요.

저는 보충 라이팅 수업도 듣고, 라이팅과 관련된 온라인 강의도 듣고, 학교의 주선으로 라이팅을 잘한다는 학생들도 만났습니다. 교수에게 잘 보이려고 일부러 질문도 많이 했고요. 그럼에도 결국 라이팅 수업의 최종 학점은 B-. 실망스러운 결과였습니다.

하지만 지금 생각해 보면, 그 수업이 전화위복이 된 것이 아닌가 싶습니다. 대신 다른 수업들에서라도 좋은 성적을 올려야겠다는 생각에 절실하게 공부했기 때문이죠. 그렇게 노력한 끝에 첫 학기 다른 수업들에서는 모두 A를 받았습니다.

두 번째 학기가 되자 저는 더욱 이를 악물었습니다. 성적표에 찍힌 결과는 모두 A였습니다. 그 이후로도 제 성적표에는 계속 A만 찍혔습니다.

한국에서 영어에 매진하고 있었을 때 저는 제가 그저 영어 공부만 하고 있다고 생각했습니다. 하지만 미국 대학에 와 보니 영어 공부를 통해 제 공부 근육 전체가 크고 단단해졌음을 알 수 있었어요. 공부하는 과목이나 분야는 다르더라도 공부 방법은 서로서로 통하기 마련이더라고요.

🍿 세계적 명문대를 향해

첫 두 학기에서 한 과목을 제외하고 모두 A 학점을 받고 나자 욕심이 생겼습니다. 기왕 이렇게 된 거 최고의 대학교를 목표로 삼아 볼까 싶었습니다.

명실상부한 미국 최고는 하버드 대학교잖아요. 그런데 하버드 대학교는 너무 적은 수의 편입생밖에 받지 않는다고 하더라고요. 사립 대학교 1위가 힘들다면 공립 대학교 1위에 도전해야겠다는 생각이 들었습니다. 조사해 보니 미국, 아니 전 세계 모든 공립 대학교를 통틀어 1위는 캘리포니아 대학교 버클리 캠퍼스, 즉 UC버클리더군요.

스티브 잡스의 가장 친한 친구이자 세계 최초의 개인용 컴퓨터를 개발한 스티브 워즈니악, 세계 최대 검색 엔진 회사인 구글의 회장 에릭 슈미트 등이 UC버클리 출신입니다. 그리고 재일교포로서 차별을 딛고 일본 최고의 부자가 된 손정의도 UC버클리 출신이고요.

그 무렵 제가 가장 존경하는 사람이 바로 손정의였습니다. 손정의에 대한 책들은 제게 큰 영감을 주었습니다. 그런데 손정의는 UC버클리 편입생이었어요. 고등학교를 자퇴한 후 미국으로 건너가 홀리네임스 컬리지를 다니다가 UC버클리로 편입했습니다.

저의 새 목표는 어느새 UC버클리가 되었습니다. 그런데 이런 제 목표를 들은 주변 사람들은 시큰둥한 반응을 보이더군요.

"네가? 그게 말이 되는 소리냐."

그만큼 UC버클리에 편입한다는 것은 어려운 일이거든요. 전세계에서 지원을 하기 때문에 지원자도 많은데다가 성적도 만점에 가까워야 한다고 하더군요.

하지만 저는 개의치 않았습니다. 영어도 정복해 냈는데 이쯤이야 싶었죠.

🍿 당신은 상위 10퍼센트이군요

본격적인 편입 시기가 되었습니다. 미국의 대입이나 편입에서는 에세이가 높은 비중을 차지합니다. 우리나라로 치면 일종의 논술이죠. UC버클리 합격이라는 소망을 품은 채 몇 날 며칠을 고민하며 에세이를 써서 제출했습니다. 다음 절차는 일종의 면접이라 할 수 있는 인터뷰 차례였습니다.

제가 편입을 지원한 그 해에 UC버클리는 외국 유학생들에 한해 인터뷰를 실시했습니다. 제가 추측하기에, 많은 유학생들이 영어 실력이 부족해서 학교 공부를 제대로 소화해 내지 못하고 있기 때문이 아닌가 싶었습니다. 하지만 오히려 제게는 그 인터뷰가 영어 실력을 어필할 절호의 기회였죠.

인터뷰는 화상 통화로 진행되었습니다. 저는 그동안 단련해 온 영어로 평소 소신을 밝히면서도 부족한 점을 메꾸어 나갈 것이라는 메시지를 전달했습니다. 인터뷰를 마친 담당자는 이런 말로 저를 칭찬해 주었습니다.

"당신은 지금까지 내가 인터뷰한 학생들 중에서 상위 10퍼센트에 속하는군요."

🍿 영어를 잡으면 인생이 바뀐다

마음을 졸이며 결과를 기다렸습니다. 마침내 나온 결과는……
합격, 합격이었습니다!

지금도 오리엔테이션에 참석하기 위해 샌프란시스코에 위치한
UC버클리 캠퍼스에 처음 간 날을 생생하게 기억합니다.

학생들은 인종에 관계없이 서로 어울려 다니고 있었습니다. 명
문대생이라는 사실을 뽐내듯 UC버클리 로고가 선명히 박힌 티셔
츠를 입고 있는 학생들도 많았습니다. 고교 자퇴생이 된 후로 혼자
서 영어를 정복하고 이제는 세계적 대학의 일원이 되었구나 하는
생각에 가슴이 벅차올랐습니다.

지금도 세계 곳곳에는 훨씬 더 많은 기회들이 펼쳐지고 있습
니다. 그 기회를 잡는 데 결정적인 역할을 하는 것이 영어입니다. 영
어는 세계 공용어이니까요. 저만 봐도 아실 수 있을 거예요. 영어가
아니었다면 제가 이 자리에 있을 수 있었을까요? 영어는 시골 고교
자퇴생에 불과했던 저를 더 넓은 세계로 이끌었습니다.

여러분도 영어를 통해 인생을 바꾸고 싶으신가요? 영어를 통해
더 넓은 세계를 만나고 싶으신가요? 이 책을 펼친 이상, 여러분은
자신감을 가지셔도 좋습니다. 제가 영어를 정복했던 그 방법, 바로
영화 씹어먹기를 이 책에 담아 놓았으니까요.

2

영어 귀가
확 뚫리는
'영화 씹어먹기'
공부법

복싱하듯이
영어하라

저는 한때 복싱을 무척 열심히 했습니다. 프로 복서 자격증까지 딸 정도였죠. 그 시절 저는 복싱 체육관에서 살다시피 했습니다. 그러다가 언제 복싱을 했느냐는 듯, 이번에는 영어 공부를 열심히 하기 시작했습니다. 이때는 제 방 안에 하루 종일 처박혀 있었죠.

요즘도 문득문득 영어 공부를 하던 제 모습 위로 복싱 훈련을 하던 제 모습이 겹쳐집니다. 그럴 때마다 영어 공부와 복싱이 참 비슷하다는 생각이 듭니다.

복싱이 영어 공부와 비슷하다니, 이건 갑자기 무슨 엉뚱한 이야기인가 싶으시죠? 이걸 설명 드리자면 먼저 제가 어쩌다 복싱을 시작하게 되었는지 좀 더 자세하게 말씀드려야겠네요. 저의 복싱 입문기를 들어 보세요.

🎬 복싱을 '실제로' 잘하게 되는 법

제가 어릴 적부터 아버지는 직업을 열두 번이나 바꾸었습니다. 그 바람에 저도 여러 번 전학을 다녀야 했습니다. 친구들과 좀 친해질 즈음이면 헤어지고 또 새로운 친구들을 사귀어야 하는 것이 어린 제게는 너무도 힘들었습니다.

저를 더욱 힘들게 했던 것은 아이들의 텃세였습니다. 어릴 적의 저는 체구가 작고 빼빼 마른 아이였어요. 덩치 크고 싸움 잘하는 아이들은 그런 저를 괜히 툭툭 치면서 시비를 걸어오기 일쑤였습니다.

지금 생각해 보면 그 아이들이 무슨 대단한 악의를 갖고 있었던 것 같지는 않아요. 새로운 전학생에게 다가가는 그 아이들 나름의 서툰 방법이었겠죠. 하지만 저 역시 어린아이였던 터라 그런 점까지 헤아릴 수는 없었습니다.

그 아이들이 그럴수록 저는 공격적으로 행동했습니다. 만만해 보이기 싫었거든요. 어찌나 싸움질을 해 댔는지 한번은 담임 선생님이 저를 혼내다가 "조그만 게 싸움은 되게 잘하네" 하고 웃으시더군요.

그날도 여느 때처럼 다른 아이와 싸움이 붙었습니다. 그런데 이번 싸움은 시작이 조금 달랐죠. 그 아이가 "야, 너 나랑 학교 끝나고 싸우자"라며 정식으로 싸움을 신청해 온 것입니다. 나름 정정당당한 결투라고나 할까요.

저는 자신 있게 응했습니다.

그리고 참패했습니다. 입술에서 피가 줄줄 흘렀죠.

주변 친구들이 그만하라고 뜯어말리지 않았다면 제 얼굴은 완전히 엉망이 되었을 겁니다.

이 일을 계기로 저는 복싱에 관심을 갖기 시작했습니다. 복싱을 잘하면 누구에게도 지지 않는 강한 아이가 될 것 같았거든요. 복싱을 잘하기 위해 제가 택한 방법이 무엇이었을까요? 바로 복싱 동영상을 보는 것이었습니다.

학교 수업이 끝나고 집에 오면 저는 곧장 컴퓨터를 켰습니다. 그리고 컴퓨터 앞에 죽치고 앉아 복싱 동영상을 보고 또 보았습니다. 제가 특히 자주 본 것은 전설적인 복서 마이크 타이슨의 경기였습니다. 주먹이 어찌나 강한지 마이크 타이슨에게 한두 대만 맞아도 상대 선수들은 픽픽 쓰러지더군요.

유명한 복서들의 경기를 보면서 틈틈이 일기장에 주먹을 휘두르는 방법을 적어 보기도 했습니다. 그러고 있노라면 제 자신이 실제로 강해지고 있다는 느낌이 들었죠. 진짜 마이크 타이슨이 된 듯

우쭐해지기도 했고요.

그렇게 2년의 시간이 흘렀습니다. 하루는 싸움에 휘말린 친구를 돕겠다고 나섰다가 저까지 덩달아 싸움에 끼게 되었습니다. 그런데 제 주먹이 마이크 타이슨처럼 시원하게 뻗어 나갔을까요?

아니요. 제 주먹은 힘 한번 제대로 쓰지 못했습니다. 제게 맞은 아이는 끄떡도 안 하더라고요. 싸움은 흐지부지 끝나 버렸습니다. 마이크 타이슨처럼 주먹을 휘둘러 보기는커녕, 얻어터지지 않은 것만도 다행이었죠.

그제야 저는 깨달았습니다. 지난 2년 동안 시간 낭비를 했다는 사실을요.

그길로 복싱 체육관에 등록했습니다. 동영상으로만 보던 복싱을 직접 하게 된 겁니다. 열심히 하다 보니 실제로 주먹이 강해지고 몸놀림도 날렵해졌습니다. 마이크 타이슨만큼은 아니더라도 진짜로 복싱 실력이 늘고 있음을 실감할 수 있었습니다. 그러다 보니 어느새 프로 복서 자격증도 따게 된 것이지요.

🎬 영어를 '실제로' 잘하게 되는 법

몇 년 전 KBS에서 〈당신이 영어를 못하는 진짜 이유〉라는 프로그램을 방영한 적이 있습니다. 이 프로그램을 보니, 토익 주관사인 미국 교육 평가원ETS, Educational Testing Service이 각국의 영어 실력 순위를 매겼는데 한국은 하위권이라고 합니다. 특히 영어 말하기는 121위로 최하위권에 속하고요.

우리나라는 영어 공부에 투자하는 돈과 시간이 어마어마하잖아요. 성인부터 어린아이들까지 전 국민이 영어 공부에 시달린다고 해도 과언이 아닐 겁니다. 그런데도 왜 이렇게 굴욕적인 순위가 나왔을까요?

이 프로그램에 따르면, 인간이 언어를 배우는 데는 두 가지 방식이 있습니다. 한 가지는 서술적 기억 방식이고, 또 한 가지는 절차적 기억 방식입니다.

서술적 기억이란 우리가 일반적으로 습득한 지식, 의식적으로 뇌에 저장한 정보를 가리킵니다. 수업 내용을 듣고 이해하는 것, 차량 번호판이라든가 친구 전화번호를 알아 두는 것이 여기에 속합니다.

절차적 기억이란 반복을 통해 우리 몸에 각인된 행동, 의식하지 않아도 자동적으로 떠오르게 되는 작업을 가리킵니다. 그래서 절차적 기억을 무의식적 기억이라고도 하죠. 악기를 연주하는 것, 수영을 하는 것처럼 주로 몸으로 하는 일이 여기에 속합니다.

만약 복싱에 대한 필기시험에서 점수를 잘 받으려면 서술적 기억을 이용해야 합니다. 복싱 시합에는 몇 명의 선수가 대결하는지,

경기는 몇 분인지, 장비는 무엇인지 등을 외워야 하죠.

그에 비해, 복싱 실기 시험에서 점수를 잘 받으려면 절차적 기억을 이용해야 합니다. 상대를 향해 빠르고 강한 주먹을 날리는 훈련을 직접 해야 하는 것입니다. 이 훈련은 복싱하는 법을 몸이 기억하도록 만들어 줍니다.

복싱 시합 동영상을 보며 제가 복싱을 잘하는 줄 착각하고 있었던 그때, 복싱에 대한 필기시험을 치렀다면 저는 꽤 좋은 점수를 받았을 거라고 장담합니다. 복싱 규칙은 죄다 꿰고 있었으니까요. 하지만 그렇게 서술적 기억을 열심히 쌓으면서 정작 절차적 기억은 간과하고 있었던 것이죠.

제가 경험했던 운동이라 복싱을 예로 들긴 했습니다만, 어떤 운동도 다르지 않습니다. 배구, 농구, 축구…… 다 마찬가지예요. 그 운동을 과연 책만 읽어서, 동영상만 쳐다봐서 잘하게 될 수 있을까요? 절대 안 돼요. 실제로 그 운동을 훈련해야죠. 그것도 한두 번이 아니라 몇 번이고 반복해서 훈련해야 합니다.

언어도 마찬가지입니다. 언어에서 서술적 기억은 문법과 단어를 암기하는 것입니다. 절차적 기억은 실제로 그 언어를 훈련하는 것입니다. 과연 그 언어를 유창하게 하기 위해 필요한 것은 어느 쪽일까요? 네, 절차적 기억입니다.

우리는 지금까지 영어 공부에서 이와 같은 실수를 저질러 온 것이 아닐까요? 그동안 학교에서 서술적 기억 방식으로만 영어 문법이며 단어를 외우기에 급급했잖아요. 완전히 잘못 접근한 것이죠. 제가 복싱 동영상을 보면서 복싱을 잘하게 될 거라 착각했던 것과 무엇이 다른가요.

영어 공부를 복싱하듯, 운동하듯 해야 합니다. 또 다르게 표현하면, '영어는 곧 훈련이다'가 될 수 있겠네요. 그렇다면 복싱하듯, 운동하듯 영어를 하기 위해서는 어떤 훈련을 해야 할까요? 우리에게 어떤 훈련이 필요한지 이제부터 좀 더 파고들어 봅시다.

다이어트와
영어 공부의 공통점

제가 자주 하는 말이 있습니다. "영어 공부는 다이어트와 비슷하다"라고요. 복싱하듯이 영어 공부를 하라더니, 이번에는 다이어트가 영어 공부와 비슷한 점이 있다니, 이건 또 웬 난데없는 비교인가 싶으시죠?

일단 제 이야기를 한번 들어 봐 주세요. 이번에는 미국에서 유학하던 시절에 있었던 제 다이어트 도전기랍니다.

🎬 다이어트의 '기초이자 기본'

저는 어렸을 적부터 정말 지독히도 살이 찌지 않았습니다. 언제나 한결같이 빼빼 마른 아이였죠.

사람이 살이 찌지 않는 데는 여러 가지 요인이 있을 텐데, 제 문제는 장이었습니다. 장이 워낙 안 좋아서 툭하면 설사를 했거든요. 어려운 집안 살림에 보약 한 첩 지을 엄두도 내지 못했던 어머니는 그런 저를 보며 너무도 안쓰러워하셨습니다. 중고등학교 때는 복싱을 열심히 하니 그나마 근육이 조금 붙긴 했지만 그래도 여전히 살이 찌지는 않더군요. 복싱은 체중에 따라 체급이 세세히 나뉘기 때문에 체중 관리와 다이어트가 무척 중요한 운동입니다. 복싱 선수들은 자기 체급보다 약간 더 초과되는 체중을 유지하다가 시합을 앞두고 다이어트를 해서 체중을 맞추죠. 하지만 저는 체중 관리며 다이어트를 하느라 어려운 적은 별로 없었습니다. 제 몸은 내내 마른 체형이었고 몸무게도 거의 그대로였거든요.

그런데 미국으로 건너가 생활하기 시작하니 이게 웬걸, 하루가 다르게 살이 포동포동 오르는 겁니다. 왜 이렇게 살이 안 찌나 걱정했던 과거가 무색한 일이었죠. 자극적인 미국 음식을 계속 먹다 보니 장이 적응해 버렸는지, 무엇을 먹든 얼마나 먹든 설사를 전혀 하지 않더군요.

처음에는 체중이 늘어나는 것에 그저 무심했습니다. 워낙 마른 상태였으니 조금은 쪄도 되겠지 하고 안이하게 생각한 겁니다. 그러다 미국에 온 지 1년쯤 지났을 때. 간만에 체중계 위에 올라선 저는 깜짝 놀랐습니다. 체중계 바늘이 한국에 있을 때보다 무려 20킬로 그램이나 불어난 숫자를 가리키고 있었으니까요.

그제야 거울 앞에 서서 제 몸 상태를 직시했습니다. 배가 볼록 나와 있었습니다. 아직 서른도 채 안 된 나이에 중년 아저씨 같은 몸매가 되다니. 사태의 심각성을 인정할 수밖에 없었습니다.

다이어트를 위해 당장 운동을 시작했습니다. 유산소 운동과 근육 운동을 동시에 할 수 있는 케틀벨이라는 운동 기구를 구입해서 매일 아침 두 시간씩 땀을 줄줄 흘렸습니다. 하루도 거르지 않았습니다. 사실 자만하는 마음도 있었습니다. 운동에 매진하고 있으니 일주일에 몇 킬로그램씩 살이 쭉쭉 빠질 거라고 생각했죠.

죽기 살기로 운동한 지 한 달 후, 체중계에 올라섰습니다. 체중이 꽤 줄었으리라 기대하면서요. 결과는 딴판이었습니다. 오히려 체중이 더 늘어나 있는 겁니다. 아무래도 운동 양이 모자란 것 같다고 판단했습니다. 아침 운동은 물론이고 오후에도 짬짬이 시간을 내어 복싱을 했습니다.

그러고 또 한 달. 몸무게가 더 늘지는 않았습니다. 하지만 살이 빠질 기미는 여전히 조금도 보이지 않았습니다. 제 뱃살은 변함없이 두툼한 자태를 자랑하고 있었습니다.

뭔가 잘못 돌아가고 있음을 직감했습니다. 이대로는 안 되겠다 싶어, 평소 헬스를 꾸준히 하며 몸 관리를 해 온 친구들을 붙잡고 물어보았습니다. 친구들은 제 하소연을 듣더니 이렇게 충고하더 군요.

"다이어트를 하고 싶다고? 그럼 일단 네가 하루에 섭취하는 칼로리의 양을 줄여야지."

그렇습니다. 문제는 운동이 아니라 칼로리였던 것입니다.

그 당시 저는 안 좋은 식습관을 가지고 있었습니다. 식단은 고칼로리 위주였고, 밥을 먹을 때는 한꺼번에 많이 먹기 일쑤였어요. 잠자리에 들기 전에 야식을 먹는 일도 잦았고요. 공부하는 시간을 쪼개어 직접 장을 보고 요리를 하다 보니 이런 식습관이 굳어지게 되었습니다.

운동을 안 해서 살이 찐 것이 아니라 칼로리를 너무 많이 섭취해서 살이 찐 것입니다. 그러니 아무리 열심히 운동하면 뭐하나요. 식습관은 그대로인데 말입니다.

☂ 영어 공부의 '기초이자 기본'

이와 비슷한 실수가 영어 공부에서도 일어나곤 합니다.

여러분은 '영어를 잘한다'라고 하면 무엇을 떠올리시나요? 아마도 많은 분들이 외국인과 영어로 유창하게 대화를 나누는 모습을 떠올리실 겁니다. 사람들은 영어를 잘한다는 것을 곧 영어 말하기를 잘한다는 것으로 생각하죠.

제게 영어 공부의 비법을 물어보는 사람들이 가장 처음 하는 질문도 대부분 다음과 같은 것들이었습니다.

"어떻게 하면 영어로 막힘없이 말할 수 있을까요?"

"계속 노력해도 영어 스피킹이 잘 안 되는데 도대체 이유가 뭘까요?"

이런 질문을 받을 때마다 제 대답은 언제나 똑같습니다.

"영어 말하기를 잘하고 싶다고요? 그럼 일단 영어 듣기를 잘해야 합니다."

시중에는 수많은 영어 학원 광고들이 있습니다. 대개는 영어 말하기에 초점을 맞추고 있죠. 원어민 앞에서도 자신 있게 말하게 해 준다고 장담들을 하더군요. 자기네들만의 독특한 방법으로 영어를 공부하면 영어 말하기가 절로 해결된다고 합니다.

그런데 그 방법들을 살펴보면 영어 듣기 훈련은 잘 보이지 않더군요. 이것저것 따지지 않고 그냥 말하기부터 시작하면 된다나요. 저는 고칼로리 식단을 그대로 유지하면서 운동만으로 다이어트를 하려는 실수를 저질렀죠. 영어 듣기를 잘하지 못하는 상태에서 영어 말하기부터 잘하려는 것도 이와 같은 실수입니다.

적절한 식단 조절만 해서는 다이어트에 성공할 수 없듯이, 말하기만 해서는 영어를 잘할 수 없습니다. 듣기도 말하기도 다 놓치게 됩니다.

다이어트에 성공하려면 우선 칼로리 양을 줄이는 것이 가장 기초이자 기본이듯이, 영어를 잘하려면 우선 영어 듣기부터 훈련하는 것이 가장 기초이자 기본입니다. 귀가 트여야 입도 트이게 됩니다.

물론 고칼로리 식단을 유지하더라도 잠도 거르고 하루 24시간 내내 오직 운동만 한다면 살이 빠질 수 있겠죠. 하지만 그러면 몸에 무리가 올 테고, 식단 조절을 병행하는 것만큼 건강을 유지할 수 없을 겁니다.

마찬가지로, 영어 듣기를 안 해도 영어 말하기만 죽어라 파면 영어로 어느 정도 말할 수는 있겠지만, 효율적이지도 않을 뿐더러 결국 영어 실력 향상에도 금방 한계가 오게 됩니다.

많은 분들이 이미 그런 경험을 하지 않으셨나요?

닥치고 듣기!
영어 듣기가 되어야만
영어 말하기도 된다

저의 복싱 입문기와 다이어트 도전기를 들어 가며 말씀드린 내용은 이것입니다. '영어를 잘하려면 절차적 기억을 쌓아야 하고, 절차적 기억을 쌓으려면 실제로 영어를 훈련해야 하고, 실제로 영어를 훈련하려면 영어 듣기부터 해야 한다.'

여기까지 내용이 미처 이해되지 않는 독자 분들도 계실 거예요. 다이어트를 하려면 우선 칼로리를 줄여야 한다는 것은 금방 이해되지만, 영어를 잘하려면 우선 영어 듣기를 잘해야 한다는 것은 금방 이해되지 않으니까요. 그것은 우리 뇌, 그리고 영어 소리의 특성과 밀접하게 연관되어 있습니다. 이 점을 파악하면 영어 듣기의 중요성이 한결 더 와닿으실 겁니다.

❦ 언어가 저장되는 뇌

KBS 프로그램 〈당신이 영어를 못하는 진짜 이유〉의 내용을 좀 더 소개해 드릴게요.

우리 몸에서 기억을 담당하는 기관은 뇌입니다. 그렇다면 뇌 안에서도 절차적 기억을 담당하는 곳, 절차적 기억이 저장되는 곳은 어디일까요?

바로 운동 피질이라는 부위입니다. 자꾸 반복해서 습관화된 단어와 문장은 운동 피질에 저장된다고 하는군요. 운동 피질이라니, 마치 우리 뇌도 "언어는 곧 운동이고 훈련이다"라고 말해 주고 있는 듯하네요.

우리 모두는 적어도 한 가지 언어만큼은 너무도 유창하게 자유자재로 말하는 수준으로 익힌 경험이 있습니다. 바로 모국어인 한국어입니다. 우리가 어린아이였을 때 우리 자신도 의식하지 못하는 사이에 한국어를 습득했죠.

아이가 모국어를 유창하게 하게 되기까지 아이의 뇌는 네 단계의 과정을 거친다고 합니다.

1. 갓 태어난 아기는 소리를 듣기는 해도 각 소리를 잘 구별하지는 못합니다. 그러다 시간이 지남에 따라 아이의 뇌는 부모의 목소리를 주변의 다른 소리들과 구별해서 인식하게 됩니다.

2. 부모의 목소리를 계속 들으면서 아이의 뇌는 그 말의 의미를 이해해 나갑니다. 특히 '엄마', '아빠', '맘마'와 같이 자주 반복해서 들은 단어와 문장의 의미를 먼저 이해하게 됩니다.

3. 단어나 문장의 의미를 이해하게 된 아이는 그 단어와 문장을 직접 말하려고 노력합니다. 처음에는 서툴러도 아이는 자꾸 반복해서 노력합니다. 그러면서 뇌는 그 단어와 문장에 익숙해져 갑니다.

4. 아이가 자꾸 노력해서 완전히 익숙해진 단어나 문장은 드디어 아이의 뇌, 그 안에서도 운동 피질에 저장됩니다. 이렇게 운동 피질에 저장되는 단어와 문장의 수가 늘어나면서 마침내 아이는 모국어를 유창하게 말하게 됩니다.

아기들이 가장 먼저 익히는 단어는 아마도 '엄마'겠지요. 다음표는 '엄마'라는 단어를 가지고 이 과정을 간략하게 정리한 것입니다.

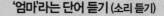

'엄마'라는 단어 듣기 (소리 듣기)

'엄마'라는 단어가 무슨 의미인지 이해하기 (소리 이해하기)

'엄마'라는 단어를 말하기 (소리 내기)

'엄마'라는 단어를 운동 피질에 저장하기 (소리 저장하기)

자, 어떤가요. 우리가 모국어를 익힐 때 듣기부터 시작했다는 사실을 잘 아시겠죠.

우리가 외국어를 익힐 때도 이와 같은 순서를 따라가야 합니다. 듣기부터 시작해야 하는 거죠. 우리 뇌는 듣기부터 시작해야 새로운 언어를 유창하게 익힐 수 있도록 프로그램되어 있으니까요.

🎥 영어 소리의 비밀

그렇다면 이 영어 듣기, 그냥 무작정 한다고 되는 것일까요? 결코 그렇지 않습니다. 제가 영어 공부에 매진하기 시작했을 때 가장 힘들었던 점은 바로 아무리 영어를 반복해서 들어도 귀가 트이지 않는다는 사실이었습니다. 안 들리는 소리는 아무리 반복해서 들어 보아도 계속 안 들렸거든요.

그런 제게 어떤 사람들은 문법과 단어를 더 공부해야 한다고 조언했습니다. 기초가 부족해서 영어를 듣고도 못 알아듣는 거라면서요.

하지만 저는 그 조언에 동의할 수 없었습니다. 물론 학창 시절에 워낙 영어 공부를 멀리한 터라 제 문법 실력이나 단어 실력이 많이 부족하긴 했어요. 하지만 글로 읽을 때는 쉽게 파악되는 쉬운 문장이라도 안 들리기는 마찬가지였는걸요. 제 귀가 트이지 않는 것이 문법과 단어의 문제는 아니었던 것입니다.

그렇다면 발음을 공부해야 하나 싶었습니다. 그래서 유명하다는 영어 발음 학원을 찾아 원래 살던 제천을 떠나 부산까지 가는 열정을 발휘하기까지 했죠. 하지만 이전보다 약간 나아지기는 했어도 귀가 트이는 단계까지 가는 데는 실패하고 말았습니다. 큰 소득 없이 제천으로 돌아올 수밖에 없었습니다.

이런저런 시행착오 끝에 마침내 제가 찾아낸 영어 듣기의 해답은 '영어의 소리' 그 자체에 있었습니다. 영어 소리가 가진 특성 말이죠.

어린아이였을 때 우리 뇌는 말랑말랑 유연했습니다. 모국어의 종류가 무엇이든 다 습득할 수 있는 상태였습니다. 하지만 나이를 꽤나 먹은 지금 우리 뇌에는 이미 습득한 모국어가 단단히 자리 잡고 있습니다. 그래서 우리 뇌는 모국어 소리를 기준으로 새로운 소리를 이해하려고 합니다.

그런데 영어 소리는 한국어 소리와 사뭇 다른 특성을 가지고 있습니다. 그래서 그냥 뇌에게 "이건 영어야. 알아서 들어" 하고 맡기면 우리 뇌는 혼동하고 방황합니다.

우리 뇌가 영어 소리에 익숙해지도록 만들어 줘야 합니다. 영어 소리의 특성에 주의를 기울이며 영어 듣기를 훈련하면 그렇게 될 수 있습니다. 저 역시 그렇게 해서 마침내 영어 귀가 트이는 데 성공했습니다.

한국어와는 다른 영어 소리의 특성은 어떤 것일까요? 크게 세 가지를 꼽을 수 있습니다. 바로 발성, 강세, 리듬입니다.

첫째, 발성. 한국어는 주로 목을 이용해서 고른 호흡으로 말합니다. 영어는 목보다 더 아래쪽에서부터 나오는 강한 호흡으로 말합니다.

둘째, 강세. 한국어는 단어의 모든 부분을 동일한 세기로 말합니다. 영어는 단어 안에서 특정한 부분에 강세를 주어 말합니다.

셋째, 리듬. 한국어는 모든 단어의 세기가 동일하므로 리듬이 없습니다. 영어는 몇몇 단어에 더 강세를 주어 말하므로 리듬이 있습니다.

지금 이 설명이 다소 어렵게 느껴지실 수 있을 것 같아요. 사실 제가 영어 소리에 대한 궁금증을 풀고자 깊이 파고들다 보니까 지나치게 전문적인 내용까지 접하게 되더라고요. '~에 대한 이론과 실재' 같은 제목을 가진 어려운 책들은 물론이고 심지어 외국 학자들의 논문까지 찾아서 읽어 보았습니다. 영어학 전공자나 언어학 전공자가 볼 법한 자료들이었죠.

하지만 여러분은 안심하셔도 됩니다. 제가 그랬다고 독자 분들까지 그런 자료들을 보아야 하는 것은 아니니까요. 3장에서 영화 씹어먹기의 공식을 알려 드릴 테니 그 공식대로만 따라 하셔도 충분합니다.

다만, 그 공식대로 하다 보면 공식의 원리가 궁금해질 때가 있을 거예요. 그때는 2장의 부록에 있는 발성, 강세, 리듬에 대한 좀 더 자세한 설명을 읽어 보시면 됩니다.

어설픈 영화 보기는 백전백패, 진짜 공부법은 따로 있다

저는 영화를 가지고 영어 듣기를 정복했습니다. 이것 외에 다른 방법은 없었습니다. 그 과정은 1장에서 자세히 말씀드렸죠. 저는 이것을 영어 듣기 훈련의 공식으로 정리했습니다. 그리고 이 공식을 이렇게 명명했습니다.

영화 씹어먹기.

영화 대사들 하나하나를 모두 자기 것으로 만드는 과정, 즉 절차적 기억이 되어 뇌에 단단히 저장되도록 만드는 과정이 마치 음식을 꼭꼭 씹어서 그 영양소를 자기 것으로 만드는 과정을 떠올리게 하기 때문입니다.

그런데 제가 영어 공부를 영화로 하라고 권하면 이런 반응들이 자주 나옵니다.

"그건 이미 많이들 하는 방법 아닌가요?"

아예 이러는 분들도 있습니다.

"이미 해 봤어요. 근데 안 되던걸요."

그럼 저는 그분들에게 물어봅니다. 영화로 공부할 때 어떤 식으로 했느냐고요. 얘기를 들어 보면 그분들이 그렇게 말하는 이유가 이해됩니다. 안 되는 데는 다 저마다의 이유가 있었습니다.

지금까지 영화로 영어 공부를 한 분들이 실패했던 이유를 알려 드리겠습니다. 그리고 영화 씹어먹기는 어떻게 다른지 짚어 드리겠습니다.

🎥 영화를 글로 본다고요?

영화를 가지고 영어 공부를 하게 해 준다는 교재들을 보면 이렇게 구성된 것이 꽤 많습니다. 영화 대본이나 책, 그리고 그것을 담은 오디오CD. 어디에도 영화 파일은 없습니다.

저는 이런 교재를 보면 이 말이 떠올라요. "연애를 글로 배웠어요." 한 번도 누군가와 연애해 보지 못했으면서 연애 관련 서적이나 잡지 기사는 열심히 보는 사람들이 있습니다. 이 사람들은 실제 연애를 하게 되면 서툴기 짝이 없습니다.

영화로 영어 공부를 하겠다면서 글을 읽고 있는 것이 이와 뭐가 다른가요. 그건 그냥 원서로 공부하는 것입니다.

오디오CD가 있으니 괜찮지 않느냐고요? 결코 그렇지 않습니다. 이 오디오CD는 영화의 사운드를 담은 것이 아니에요. 영화 대본이나 책을 녹음한 것이죠. 일종의 오디오북인 셈입니다. 원어민이 일반적으로 하는 생생한 영어와는 거리가 멀어요.

영화 씹어먹기는 영화 대본이나 책으로 영화를 대신하지 않습니다. 그 이름 그대로 영화와 함께합니다. 그래서 영화 대사를 통해 생생한 영어를 자기 것으로 만들도록 합니다.

🎥 영화 한 편을 죽 반복한다고요?

영화로 영어 공부를 하는 분들 중에 이런 식으로 하는 경우가 있습니다. 영화 한 편을 끝까지 죽 봅니다. 처음으로 돌아가 재생 버튼을 누르고 끝까지 죽 봅니다. 다시 처음으로 돌아가 끝까지 죽 봅니다. 또다시 처음으로 돌아가……

이건 수학 문제집에 비유할 수 있어요. 수학 문제집에 있는 수백 개의 문제들을 문제만 읽으면서 휙휙 넘어가는 것과 같습니다. 그렇게 끝까지 다 읽은 다음에 처음부터 또 읽고 또 읽고 한다 해도 그것을 가지고 수학 문제집을 다 풀었다고 말할 수 있나요.

한 문제, 한 문제 확실히 풀면서 페이지를 넘겨야죠. 그렇게 해서 마지막 문제까지 풀어 내야죠. 그래야 비로소 수학 문제집을 다 풀었다고 말할 수 있습니다.

애니메이션은 1000개 정도의 대사로 이루어져 있습니다. 일반 영화는 이보다 좀 더 많습니다. 그 많은 대사를 그냥 들으면서 획획 넘어가면 자기 것이 되지 않습니다. 처음부터 다시 보아도 여전히 잘 안 들립니다.

영화 씹어먹기는 한 개의 대사를 기본 단위로 합니다. 한 대사, 한 대사 집요하게 잘근잘근 씹어먹어서 자기 것이 되게 해야 합니다. 그렇게 해서 영어 귀가 트이고 난 다음에는 영화 한 편을 죽 보아도 괜찮습니다.

🎥 영화로 말하기 훈련을 한다고요?

영화로 회화 공부, 즉 말하기 훈련을 하는 분들도 많을 겁니다. 이런 분들은 자막을 켜고 영화를 보면서 그 대사를 줄줄 외우려고 합니다. 이렇게 하면 말하기에 도움이 될 수는 있습니다. 단, 전제가 있어요. 이미 영어 듣기를 원활하게 잘하고 있는 단계여야 합니다.

제가 거듭 거듭 강조합니다. 영어는 듣기가 먼저 되어야 합니다. 듣기가 안 되면 말하기도 안 됩니다. 영어라는 건물을 지을 때 기초공사 역할을 하는 것이 바로 듣기입니다. 기초공사도 채 안 되어 있는 상태에서 건물이 높이 올라갈 수 있겠습니까.

원어민과 자유롭게 대화를 나누며 친해지고 싶은 그 마음은 이해합니다. 그래도 일에는 엄연히 순서가 있는 법입니다. 그 순서를 무시하면 효과는 별로 없으면서 시간만 더 걸립니다.

영화 씹어먹기는 자막을 끈 상태에서 영화 대사의 소리에 집중하는 것입니다. 그래야 영어 귀가 확실하게 트일 수 있습니다.

🎥 영화 대사를 듣기만 한다고요?

어떤 분들은 영화로 듣기 훈련을 열심히 하고 있다고 말합니다. 그런데 영화 대사를 듣고만 있습니다. 따라 말하지는 않고 그저 계속 듣기만 합니다. 영어 귀가 트인다는 것은 곧 우리 뇌가 영어 소리에 익숙해진다는 것입니다. 그렇게 만들려면 그냥 듣는 것만으로는 충분하지가 않습니다. 반드시 함께해야 하는 것이 있습니다. 따라 말하는 것입니다.

이때 따라 말하는 것은 회화 훈련, 말하기 훈련과도 연관됩니다. 하지만 우선적인 목적은 듣기 훈련입니다. 우리 뇌가 영어 소리에 익숙해지도록 입 근육을 움직여 계속 자극을 주는 것입니다.

영화 씹어먹기는 영화 대사를 듣기만 하는 것이 아니라 직접 따라 말하는 것입니다. 영화 대사 하나하나를 직접 따라 말해야 합니다. 그럴수록 영화 대사들이 우리 뇌에 단단히 저장될 것입니다.

🎥 영화 대사를 듣고 나서 따라 한다고요?

영화의 영상과 대사를 함께 보고 있고, 영화 대사마다 일일이 반복하고 있고, 듣기 훈련에 방점을 두고 있다고요? 방향을 잘 잡으셨네요. 일단 격려해 드릴게요.

그런데 이렇게 하는 분들도 한 가지가 미흡한 경우가 많습니다. 바로 영화 대사를 듣고 나서 따라 말한다는 것입니다. 흔히들 '섀도잉'이라고 하죠.

그게 뭐가 문제냐 의아해하실 것 같아요. 문제라기보다는 효과가 떨어지는 방법이라고 말하고 싶습니다. 영화 대사를 듣고 나서 따라 말하는 것도 좋지만 이보다 더 좋은 방법이 있거든요. 기왕이면 더 효과 좋은 방법을 이용해야 하지 않겠습니까.

영화 씹어먹기는 영화 대사와 동시에 따라 말하는 것입니다. 영화 대사가 흘러나오면 그것이 끝날 때까지 기다리지 않고 동시에 따라 말합니다. 마치 그 대사 전체를 온전히 스캔하듯이 말입니다.

영화 씹어먹기가
선사하는 일석오조

영화 씹어먹기가 어떤 차별점을 가지고 있는지, 영화를 가지고 하는 다른 여러 영어 공부 방법들과 어떻게 다른지 아셨죠?

이번에는 영화 씹어먹기를 했을 때 얻게 되는 것들을 알려 드리도록 할게요. 이것들은 실제로 제가 영화 씹어먹기를 통해 얻은 것들이기도 합니다. 당연히 여러분이 영화 씹어먹기를 하면 얻게 되는 것들이기도 하고요.

일석이조라는 사자성어가 있죠. 돌 하나를 던졌는데 두 마리 새를 잡다니, 정말 기분 좋은 일입니다. 그런데 영화 씹어먹기는 일석이조를 넘어 일석오조입니다. 진짜 영어도 잡고, 문법도 잡고, 단어도 잡고, 돈도 잡고, 시간도 잡으니까요.

🎬 진짜 영어를 잡는다

영어 듣기 훈련 하면 토익이나 토플의 듣기 문제 풀기, CNN 뉴스나 명사들의 강연 이해하기 같은 것들이 떠오르시나요? 실제로 그런 것들을 가르치는 영어 학원들이 많죠. 관련 교재도 시중에 많이 나와 있고요.

물론 영어 듣기 초보에게는 이 정도도 어려운 과제이긴 합니다. 하지만 당장 토익이나 토플 점수가 급한 분들, 뉴스나 강연과 관련된 일을 하시는 분들같이 특수한 경우가 아니라면, 저는 이런 듣기 훈련을 '비추'합니다. 한계가 뚜렷하거든요. 이때 듣게 되는 영어는 듣는 사람의 수준이나 상황을 고려해 매우 또박또박 말하는 것이니까요.

진정 영어를 잘한다고 인정받으려면 원어민이 일상적으로 하는 대화까지 알아들을 수 있어야 합니다. 그런데 이때의 영어는 평소 아는 단어조차 들리지 않는 경우가 태반이죠.

외국인을 대상으로 하는 한국어 능력 시험^{TOPIK, Test of Proficiency in Korean}이 있습니다. 구글에서 '한국어능력시험 listening' 또는 'topik listening test'를 검색해 보시면 듣기 시험 문제들을 들어 보실 수 있는데요, 전문 아나운서가 분명한 사람이 얼마나 또박또박 천천히 말해 주는지 모릅니다.

우리나라의 9시 뉴스나 강연 프로그램도 그렇죠. 뉴스 아나운서들은 또박또박 말하기 전문가들입니다. 강연을 하는 사람들도 신경 써서 일부러 평소보다 훨씬 또박또박 말합니다.

어떤 외국인이 이런 한국어로 듣기 훈련을 했다고 상상해 보세요. 과연 그 사람이 한국 사람들이 평소 나누는 대화를 알아들을 수 있을까요?

많은 한국 사람들이 이런 실수를 저지르고 있습니다. 미국에서 유학을 하는 동안, 뉴스는 알아듣지만 영화는 잘 알아듣지 못하는 한국 학생들을 자주 보았습니다. 문법을 잘 알고 어려운 단어도 많이 알고 있어서 뉴스의 또박또박한 소리는 잘 들리지만, 뻔히 아는 쉬운 문장이고 단어임에도 영화 대사는 잘 들리지 않는다고 하더군요. 당연히 이 학생들은 원어민들이 일상적으로 하는 말도 잘 알아듣지 못했습니다.

영화는 토익·토플의 듣기 문제, 뉴스나 강연과 달리 원어민이 실생활에서 쓰는 영어를 고스란히 담고 있습니다. 저는 이것이야말로 진짜 영어라고 생각합니다. 우리는 진짜 영어를 잘 들을 수 있어야 합니다.

영화 씹어먹기를 통해 훈련하게 되는 것이 바로 이 진짜 영어입니다. 그래서 영화 씹어먹기를 하면 실제로 원어민을 만났을 때도 상대의 말을 잘 알아듣게 됩니다. 진정으로 영어에 귀가 트였다고 할 수 있는 수준이 되는 거죠.

영화 씹어먹기를 해서 이제 귀가 트였다고 자신했다가 영어 뉴스를 보면 기대보다 잘 안 들려서 당황할 수도 있습니다. 저도 그랬고요. 하지만 걱정하지 마세요. 그것은 듣기의 문제라기보다는 단어의 문제입니다. 실생활에서는 자주 쓰이지 않는 정치·경제·사회 분야의 전문 용어들이 뉴스에는 자주 등장하니까요.

영어 뉴스를 자꾸 보며 자주 쓰이는 어려운 단어들에 익숙해지면 영어 뉴스도 잘 들리게 됩니다. 영어 듣기와 영어 단어 암기, 이 둘 중 어느 쪽이 난이도가 더 높은지 저는 직접 경험해 보아서 잘 알고 있습니다. 여러분도 그동안 직접 경험해 보아서 잘 아시죠?

일단 영화 씹어먹기로 진짜 영어를 잡으세요. 뉴스나 연설은 그 뒤에 보아도 됩니다. 토익·토플 듣기 문제쯤이야 너무 쉬워질 거고요.

🎥 문법과 단어를 잡는다

영어에 대해 흔히들 가지고 있는 편견이 있죠. 우선 문법을 암기하고 단어를 암기해야 한다는 것입니다.

문법과 단어는 언어를 구성하는 가장 기본적인 뼈대와 같습니다. 문법과 단어의 중요성을 저는 전혀 부정하지 않아요. 하지만 문법과 단어를 암기해야 한다는 생각에는 분명히 반대합니다.

그럼 어떻게 하라는 거냐고요? 우리는 문법과 단어를 체화해야 합니다. 암기가 아니라 체화입니다.

체화의 사전적 뜻은 '생각, 사상, 이론 따위가 몸에 배어서 자기 것이 됨'입니다. 앞에서 제가 말씀드렸던 '복싱하듯이 영어하라'가 떠오르지 않으시나요? 절차적 기억과 운동 피질도 떠오르실 거예요.

문법과 단어를 암기해서는 그것들이 우리에게 체화되지를 못합니다. 운동 피질에 저장되어 절차적 기억이 되지 못하는 것이죠. 시험 문제를 푼다든가 영어 읽기, 쓰기를 하는 정도는 서술적 기억만으로도 충분하지만 원어민과 편안하게 대화를 나누는 수준이 되려면 반드시 절차적 기억이 필요합니다.

암기는 효율성이 떨어지는 방법이기도 합니다. 여러 가지 뜻을 동시에 가진 영어 단어가 많은데 그것들을 일일이 다 외우는 것은 거의 불가능에 가깝습니다. 다 외우지도 못하는데 어떻게 실생활에서 올바르게 적용할 수 있을까요. 문법의 경우도 그래요. 현재완료 같은 시제는 한국어에는 없는 문법이라서 영어 교재를 보는 것으로는 완전히 이해하기가 어렵습니다. 영어만의 미묘한 뉘앙스를 놓치게 되기 십상이죠.

영화 씹어먹기는 문법과 단어가 우리에게 체화되도록 만듭니다. 영화 속 상황을 통해 실생활의 영어 표현들을 생생하게 접하게 해 주니까요. 얼굴 표정, 손짓과 몸짓, 목소리 톤 등과 함께 말이죠.

우리가 어릴 적 모국어인 한국어의 문법과 단어를 체화했을 때와 같은 원리입니다. 언어가 쓰이는 그 상황이 내 앞에서 펼쳐지고 있는 것이냐, 화면 속에서 펼쳐지고 있는 것이냐의 차이가 있을 뿐입니다.

따로 암기하지 않았음에도 지금 우리는 한국어 문법과 단어를 너무도 잘 알고 있죠. 영화 씹어먹기를 하면 영어 문법과 단어도 그럴 수 있습니다. 영어 꼴찌 출신으로 영어 듣기를 정복한 저 자신이 그 증인입니다.

🎥 돈과 시간을 잡는다

저의 영어 공부 인생 중 최대의 돈 낭비, 시간 낭비를 꼽으라면 단연 필리핀 어학연수입니다. 물론 그것 자체를 후회하지는 않지만 영어 공부라는 측면에서만 판단하자면, 필리핀 어학연수는 별 도움이 되지 못했습니다. 저의 경우, 필리핀에 가기 전에 이미 한국에서 영어 실력을 충분히 쌓았기 때문입니다. 필리핀 어학연수가 제게 준 것은 제 공부 방법이 역시 맞았구나 하는 안도감뿐이었습니다.

제 미국 유학의 목표는 세계적 대학에서 뛰어난 학생들과 함께 공부하는 것이었습니다. 그런데 만약 그 목표가 영어 공부였다면 미국 유학 역시 돈 낭비, 시간 낭비가 되었을 수도 있을 것 같아요. 미국에서 몇 년을 생활하다 보니 영어 실력이 좀 더 늘기야 했지만, 그 정도는 같은 기간 동안 한국에서 계속 공부했더라도 가능한 것이었거든요.

한국 사람들은 영어에 어마어마한 돈을 쏟아붓습니다. 영어 강의, 영어 과외, 영어 교재, 어학연수 등…… 돈 들어가는 데가 참 많기도 합니다.

돈은 약과인지도 모릅니다. 영어에 쏟아붓는 시간에 비하면 말이죠. 중고등학교 때 그렇게 영어를 공부하고도 대학교 가서 또 공부하고, 직장에 들어가서도 또 공부합니다. 요즘은 영어 조기 교육이란 명목으로 훨씬 더 어릴 때부터 생고생입니다.

기가 막힌 점은, 그러고도 원하는 만큼의 영어 실력을 얻지 못한다는 사실입니다. 우리의 돈과 시간이 허무하게 사라져 버린 것입니다.

그에 비하면 영화 씹어먹기는 돈이 얼마 들지 않습니다. 영화 파일이 딸린 동영상 프로그램을 산다 해도 몇 만 원밖에 하지 않으니까요. 저처럼 한두 달 동안 영화 한 편을 씹어먹는다면 한두 달에 고작 몇 만 원만 투자하면 되는 셈입니다. 학생이나 직장인처럼 좀 더 긴 기간 동안 영화 씹어먹기를 하는 분이라면 한 달에 투자

하는 돈이 그만큼 더 적어지게 되고요.

가정 형편이 어려웠던 저도 영화 씹어먹기만큼은 비용 걱정 없이 할 수 있었습니다. 영어 공부를 한다며 방에만 처박혀 있던 아들을 의아한 눈으로 바라보시던 부모님도 이 비용에 대해서만큼은 걱정을 내비치신 적이 한 번도 없었습니다.

영화 씹어먹기는 시간도 얼마 들지 않습니다. 물론 하루 이틀에 할 수 있는 것은 아닙니다. 하루에 몇 시간씩 하느냐에 따라 몇 달이 걸리기도 하고 1년이 넘게 걸릴 수도 있을 것입니다. 하지만 여러분이 그동안 큰 효과도 보지 못한 채 영어에 쏟은 십 몇 년, 길게는 수십 년을 생각하면 너무도 짧은 시간이 아닌가요.

또다시 돈과 시간을 영어에 투자해야 한다면 영화 씹어먹기를 하세요. 여러분의 돈과 시간은 소중하니까요.

즐기는 영어 공부, 영화 씹어먹기에서는 가능하다

　진짜 영어와 문법과 단어와 돈과 시간을 모두 잡게 해 주는 일석오조, 영화 씹어먹기. 그런데 사실은 일석육조입니다. 또 한 가지가 더 있죠. 특별히 더 강조하고 싶어서 이렇게 따로 말씀드리려고 하는 것입니다.

　우리는 어릴 때 왜 모국어를 익혔을까요? 이유랄 게 뭐 있나요, 그저 우리의 본능 때문이었죠. 비록 우리가 의식하지는 못했지만 본능의 힘은 강력했습니다.

　성인이 된 우리에게는 그런 본능이 없습니다. 우리가 영어를 익히려는 것이 본능 때문인가요? 아니요. 살다 보니 영어가 필요하다, 그러니 영어를 알아야겠다 하는 의무감 때문이잖아요. 하지만 의무감은 본능에 비하면 허약하기 짝이 없죠. 그래서 영어 공부는 작심삼일의 연속이 되기 일쑤입니다.

그런데 본능 못지않게 강력한 힘을 발휘하는 것이 있습니다. 바로 재미입니다. 영화 씹어먹기가 잡게 해 주는 또 한 가지, 그것 역시 재미입니다.

🎬 즐기는 자의 힘

다시 복싱 얘기를 꺼내 볼게요. 제 인생에서 영어 공부를 한 시기, 미국 유학을 한 시기를 제외하고 가장 인상적인 경험이 바로 복싱이거든요.

복싱 동영상만 보다가 크게 깨달은 바가 있어 복싱 체육관에 다니기 시작했을 때 제게는 신세계가 열렸습니다. 복싱 경기를 보는 것도 재미있었는데 복싱을 배우는 것은 그보다 몇 배는 더 재미있는 겁니다. 방과 후면 복싱 체육관에서 살다시피 했습니다.

물론 힘들었죠. 복싱 훈련을 마치고 집에 돌아오면 완전히 녹초가 될 정도였습니다. 하지만 힘들어도 힘든 줄은 몰랐습니다. 그저 복싱이 너무 재미있었습니다.

재미있으니까 계속했습니다. 땀을 뻘뻘 흘리면서 훈련하고 또 훈련했습니다. 그러다 보니 어느새 제 손에는 프로 복서 자격증이

쥐여 있더군요.

독자 분들도 지금까지 살아오면서 운동에 푹 빠진 경험이 한 번쯤 있지 않으신가요. 축구든, 야구든, 수영이든, 요가든, 골프든 말입니다. 어찌나 재미있는지 누가 굳이 시키지 않아도 스스로 자꾸 훈련하셨을 겁니다. 그리고 그럴수록 실력은 쑥쑥 늘었을 거예요.

이런 말이 있죠. '노력하는 자는 즐기는 자를 이기지 못한다.'

저는 이 말을 이렇게 이해합니다. '의무감으로 열심히 하는 사람의 훈련 양은 재미있어서 자발적으로 열심히 하는 사람의 훈련 양을 따라가지 못한다.'

더 많이 훈련하는 사람은 더 뛰어난 실력을 갖추게 됩니다. 그러니 즐기는 자가 이기는 것이 당연한 결과가 아닐까요.

🎥 영화 씹어먹기의 즐거움

한국 사람들은 의무감 때문에 영어 공부를 합니다. 제가 보기에는, 그 의무감이 과해서 오히려 문제입니다. 역효과를 불러일으키거든요.

영어가 재미있지도 않은데 의무감으로 붙잡고 있다 보니 공부하는 도중에 자꾸 딴생각이 듭니다. 금방 지루해지고 지칩니다. 애써 집중한다 해도 몇 달, 몇 주는 고사하고 단 며칠이라도 집중력을 지속하기가 쉽지 않습니다.

이래 가지고는 즐기는 자의 경지에 도달할 수 없죠. 그렇다고 억지로 재미를 붙이려는 것은 헛된 일입니다. 괜히 또 하나의 의무감이 더해져서 스트레스만 더 받습니다.

저는 의무감을 가지고 영어 공부를 하지 않았습니다. "영어, 널 반드시 정복하겠다" 하는 의지의 바탕이 되었던 것은 무슨 특별한 의무감이 아니라 재미였습니다.

학창 시절, 공부와는 담을 쌓고 살던 저였습니다. 책상 앞에 오래 앉아 있는 것 자체가 힘들었습니다. 그랬던 제가 영어 공부를 할 때는 하루에 열 시간씩 책상 앞에 앉아 있어도 힘들지 않았습니다. 그저 재미있을 뿐이었습니다.

그게 다 영화 씹어먹기 덕분입니다. 영화는 세상에서 가장 재미난 오락거리 중의 하나잖아요. 제가 좋아하는 영화, 재미있는 영화를 보고 있으니 전혀 지루하지 않았습니다. 그 영화 속 대사들이 온전히 제 것이 되어 가는 과정이 공부가 아니라 놀이처럼 느껴졌습니다.

의무감에 억지로 하는 영어 공부는 더 이상 하지 마세요. 그 대신, 영화 씹어먹기로 여러분도 즐기는 자가 되어 보세요.

발성 : 왜 원어민의 목소리는 멋있게 들릴까?

우리가 쓰는 단어들 중 상당수는 외국에서 들어온 단어죠. 바로 외래어들입니다. 아무래도 우리나라가 영미권의 영향을 많이 받다 보니 외래어들 중에도 영어 단어에서 온 것들이 꽤 많습니다.

따지고 보면 같은 단어죠. 그런데 같은 단어라도 한국 사람이 말할 때와 원어민이 말할 때는 무척 다르게 들립니다. 마치 아예 다른 단어처럼 느껴질 정도예요.

'점프'라는 단어를 볼까요. 국립국어원에 등록되어 있는 단어이지만 원래는 영어이고, 영어 스펠링은 jump입니다. '점프'라는 단어를 보면 한국 사람은 이렇게 말합니다.

점프

원어민이라면 뭐라고 말할까요? 당연히 똑같이 '점프'라고 하지 않겠느냐고요?

그게 그렇지가 않습니다. 원어민은 결코 '점프'라고 말하지 않아요. 영어 소리를 한글로 표현하는 데는 한계가 있습니다만, 그래도 한글 자모를 이리저리 조합해서 최대한 가깝게 표현해 보자면 이렇습니다.

점ㅍ

'점'은 훨씬 크군요. 반면 뒤에 자그마하게 붙어 있는 'ㅍ'이 처량해 보이네요. 그나마 '프'도 아니고 'ㅍ'입니다.

왜 이런 차이가 생기는 걸까요? 원어민이 말할 때는 한국 사람이 말할 때보다 훨씬 많은 양의 숨을 내쉬기 때문입니다. 그래서 '점'이라는 소리는 한국어보다 더 크게 소리 나고, 그러다 보니 'ㅍ'이라는 소리는 그 뒤에 살짝 붙어서 들릴 듯 말 듯하는 거죠.

말할 때 내쉬는 숨의 양이 다르다는 것은 곧 몸에서 소리를 낼 때 호흡하는 방식이 다르다는 것을 의미합니다. 한국 사람은 주로 목을 이용해서 일정하고 고른 호흡으로 소리를 냅니다. 반면, 원어민은 목 아래, 배에서부터 강한 호흡으로 소리를 냅니다. 당연히 성대의 울림도 더 크고요.

원어민이 영어로 말하는 것을 들으며 '참 목소리 좋다' 하고 생각해 본 적 있으신가요. 꼭 성우가 아니더라도 원어민의 목소리는 한국 사람의 목소리보다 멋있게 들리는 경우가 많습니다.

그 이유는 이렇게 한국어와는 다른 영어 특유의 발성에 있습니다. 발성의 차이로 인해 원어민의 목소리는 좀 더 굵고 풍부한 목소리로 느껴지는 것이죠.

성악가가 오페라 아리아를 부르는 모습을 떠올려 보세요. 와, 어쩜 그렇게 쩌렁쩌렁 울리는 소리를 내는지 신기합니다. 몸 안쪽 깊숙한 곳에서부터 소리를 끌어올려야만 그런 소리를 낼 수 있다고 하더군요. 그래서 성악가들은 복식 호흡이 필수라고 하네요.

영어의 발성도 성악과 그 원리가 비슷합니다. 그렇다고 지레 겁먹을 필요는 없습니다. 우리가 지금 오페라 아리아를 하려는 것이 아니잖아요. 우리 모두가 성악가가 되지는 못했지만 모국어는 유창하게 말하게 되었듯이, 한 언어의 발성은 누구나 훈련하면 익힐 수 있는 것입니다. 영어도 예외가 아니에요.

강세 : 왜 같은 단어인데도 영어는 다르게 들릴까?

영어 단어를 원어민이 말할 때, 외래어로서 한국 사람이 말할 때 서로 차이가 난다는 사실을 보여 드렸죠. 그 차이는 좀 더 긴 단어에서 더욱 두드러집니다. 원어민의 말을 듣고도 알아듣지 못하다가 스펠링을 보고서야 "아하!" 하는 경우도 그만큼 많아집니다.

예로 들 만한 단어들을 골라 보았습니다. 먼저 '에너지energy'입니다.

한국 사람이라면 한 자, 한 자 동일한 세기로 말합니다. 이렇게요.

> ## 에–너–지–

원어민이라면 결코 이와 같이 말하지 않습니다. 앞부분에 강세를 넣어서 이렇게 말할 겁니다.

> ## 에! 너 지

강세의 위치는 단어에 따라 달라집니다. '컴퓨터computer'를 봅시다. 한국 사람이라면 이렇게 말하죠.

컴-퓨-터-

원어민이라면 중간에 강세를 넣어서 이렇게 말합니다.

컴 퓨! 터

더 더 긴 단어를 볼까요. '패러글라이딩paragliding'은 맨 앞에 강세가 들어갑니다.

패! 러 글 라 이 딩

'멀티미디어multimedia'는 중간에 강세가 들어갑니다.

멀 티 미! 디 어

어떤 영어 단어를 정확하게 말하기 위해서는 반드시 그 단어의 강세가 어디 있는지 파악하고 정확하게 지켜야 합니다. 엉뚱한 부분에 강세를 주면 원어민은 무슨 말인지 알아듣지 못합니다. "에 네! 지"라든가 "컴! 퓨 터"라고 말을 들으면 이건 무슨 새로운 단어인가 어리둥절해할 거예요. 물론 한국 사람이 말하듯 강세를 전혀 주지 않았을 때도 당연히 원어민은 알아듣지 못하고요.

한국어는 음절박자 언어이고 영어는 강세박자 언어라고 합니다. 약간 어려운 표현을 썼는데, 알고 보면 어려운 내용은 아닙니다. 한국어는 단어의 모든 부분을 거의 동일한 세기로 말하는 언어이고, 영어는 강세가 있는 부분을 더 세게 말하는 언어라는 것이죠.

EBS 다큐프라임 「한국인과 영어」을 보면 재미난 실험을 만날 수 있습니다. 영어 단어의 강세를 인식할 때 뇌파의 변화를 측정하는 실험입니다. 그 결과, 원어민에 비해서 한국 사람들은 강세가 있는 영어 단어를 늦게 인식하거나 잘못 인식하곤 했습니다.

당연한 결과입니다. 강세가 없는 한국어를 기준으로 영어를 이해하려고 하니, 제대로 될 리가 있나요.

발성, 강세. 이제 마지막 한 가지만 남아 있습니다. 리듬입니다.

리듬 : 왜 영어는 노래처럼 들릴까?

생전 처음으로 영어에 관심을 갖게 되었을 때입니다. 영어를 듣다 보니 이런 생각이 들더군요. 그냥 말을 하는 것뿐인데 마치 노래처럼 들리는 걸? 독자 분들 중에도 이런 생각을 해 본 분이 있을 거예요.

이런 느낌은 영어의 리듬 때문에 생깁니다. 한국어는 단어의 모든 부분을 일정한 세기로 읽듯이 문장의 모든 단어도 일정한 세기로 읽습니다. 반면에 영어는 한 단어 안에서도 특정한 부분에만 강세를 주듯이 한 문장 안에서도 몇몇 특정한 단어에만 강세를 줍니다. 이것이 리듬입니다. 소리가 오르락내리락하니까 노래처럼 들리는 것이죠.

'나는 책을 읽는다'라는 문장을 말해 보세요. 한국 사람이 말할 때는 계속해서 거의 같은 양의 숨을 내쉽니다. 그래서 호흡이 처음부터 끝까지 죽 길게 빼듯이 이루어집니다. 이런 식으로 표현할 수 있겠네요.

나– 는– 책– 을– 읽– 는– 다–

이 문장을 원어민이 말한다면 어떨까요. 한국어로 말하는 원어민들을 보면 공통된 특징이 있습니다. 원래는 없는 리듬을 만들어서 넣는다는 것입니다. 자신들에게 익숙한 대로 리듬을 넣는 것이죠. 우리와는 반대로 영어를 기준으로 한국어를 이해했기 때문입니다. 그 결과, '나는 책을 읽는다'라는 문장은 이렇게 됩니다.

나! 는 책! 을 읽는! 다

문장 안에서 강세를 주는 단어는 어떤 것이고 강세를 주지 않는 단어는 어떤 것인지 딱 정해져 있습니다. 명사, 동사, 형용사, 부사, 의문사는 강세가 들어갑니다. 대명사, 전치사, 접속사, 조동사, 관사, be동사는 강세가 들어가지 않습니다. 강세가 들어가는 단어들을 내용어라고 하고, 강세가 들어가지 않는 단어들을 기능어라고 합니다. 내용어는 말 그대로 의미를 전달하는 데 결정적인 역할을 하는 단어들이고, 기능어는 문법적인 관계을 나타내는 역할만 하는 단어들입니다.

내용어 (Content word)	기능어 (Function word)
• 강세를 준다. • 의미를 전달하는 데 결정적 역할을 한다.	• 강세를 주지 않는다. • 문법적인 기능만 나타낸다.
• 명사 (desk, table, house 등) • 동사 (do, play, eat 등) • 형용사 (excited, happy, good 등) • 부사 (quickly, slowly 등) • 의문사 (when, what, how, why 등) • 부정축약어 (not, isn't, don't 등) 및 not	• 대명사 (I, you, he, she, this, it 등) • 전치사 (of, at, to, for 등) • 접속사 (and, but 등) • 조동사 (would, could, should, have 등) • 관사 (a, the) • Be동사 (am, was, were 등)

갑자기 문법 용어들이 튀어나오니까 당황하셨죠? 이해를 돕기 위해 정리해 드린 것일 뿐, 이것들을 숙지하고 있어야 한다는 뜻은 결코 아니에요.

그냥 이것만 기억하세요. '영어 문장에는 높고 낮은 리듬이 있다'라는 사실.

예를 보여 드릴게요. 내용어와 기능어의 차이가 만드는 리듬을 확인해 보세요.

She went to the store.

한국어 방식대로 말한다면 그냥 '쉬–웬–트–투–더–스–토–어'가 될 겁니다. 하지만 원어민이라면 내용어인 went와 store를 높고 길고 크게, 기능어인 she와 to와 the는 낮고 짧고 빠르게 말합니다.

더 긴 문장의 경우에는 그만큼 더 복잡해집니다.

He probably doesn't
even remember what you said.

대명사인 he는 기능어라서 강세가 없고, probably부터 remember까지는 모두 내용어라서 강세가 있다가 관계대명사 what과 대명사 you는 기능어라서 다시 강세가 없습니다. 마지막의 동사 said는 내용어라서 물론 강세가 있고요.

내용어도 그 단어 안에 강세가 있어서 듣기가 까다롭지만, 기능어는 강세 없이 매우 빠르게 지나가기 때문에 듣기가 아주아주 까다롭습니다. 글로 볼 때는 분명히 있는 단어인데 소리로 들을 때는 있는 듯 없는 듯하니, 영어 듣기에 익숙하지 않은 사람으로서는 환장할 노릇이죠.

그래서 영어 귀가 트이려면 영화 씹어먹기가 필요한 것이랍니다. 영화 씹어먹기의 1단계부터 3단계까지 차근차근 밟아 나가면 영어의 발성, 강세, 리듬을 모두 익힐 수 있지요.

함께 보면 좋은
TV 다큐멘터리 프로그램

▶ KBS 스페셜 〈당신이 영어를 못하는 진짜 이유〉

이 프로그램은 영어 관련 각 분야 전문가들과 3개월 동안 영어 말하기 프로젝트에 돌입합니다. 이 프로젝트에는 20대부터 50대까지, 학생부터 코미디언까지 다양한 사람들이 참여합니다.

제가 프로그램서 가장 흥미롭게 본 부분은 우리가 언어를 어떤 식으로 습득하는지, 그리고 어떻게 해야 영어를 잘할 수 있는지를 인간의 뇌를 분석하여 탐구했다는 점입니다. 즉, 뇌과학에 바탕을 둔 가장 효과적인 영어 공부법을 살펴본 셈이죠.

인간이 어떤 언어를 습득할 때 인간의 뇌에서는 네 가지 영역이 순서대로 쓰인다고 합니다.

1. **청각 피질** : 외부의 소리를 인식합니다.

2. **베르니케 영역** : 청각 피질을 통과한 소리를 분석하고 이해합니다.

3. **브로카 영역** : 베르니케 영역에서 이해한 소리를 말로 표현합니다.

4. **운동 피질** : 반복해서 습관화된 말을 저장합니다.

운동 피질에 저장되는 것이 절차적 기억(비서술적 기억)이고, 우리가 습득한 영어를 절차적 기억으로 만들려면 훈련을 반복해야 합니다.

▶ EBS 다큐프라임 「한국인과 영어」

모두 5부로 구성된 프로그램인데 그중에서도 4부 〈언어의 벽을 넘어라!〉를 권해 드립니다.

저는 이 프로그램에서 소리공학연구소의 주파수 실험을 흥미롭게 보았습니다. 이 실험 결과, 영어 원어민이 말하는 영어는 한국인이 말하는 영어보다 주파수의 높낮이 변화가 더 큰 것으로 나타났습니다. 이런 차이는 영어 소리의 특성 때문에 생겨나는 것이고, 이는 한국인이 영어를 듣는 것을 어렵게 만듭니다.

이 프로그램에서도 역시 뇌과학이 등장합니다. 영어 단어의 강세를 인식할 때 뇌파 변화가 어떻게 일어나는지 측정하는데, 한국인은 원어민에 비해서 강세가 있는 영어 단어를 늦게 인식하거나 잘못 인식하는 정도가 크다는 결과가 나왔습니다. 우리가 영어를 듣고 말하는 데 서툰 것은 자신도 모르게 뇌 속에서 모국어인 한국어가 방해하기 때문입니다.

이 외에 1부 〈욕망의 언어 잉글리쉬〉, 2부 〈조선, 영어를 말하다〉, 3부 〈영어로 쓰는 대한민국 60년사〉, 5부 〈두 언어의 미래〉는 영어와 관련된 역사와 사회적 측면 등을 두루두루 살펴봅니다.

3

잘근잘근
집요하게,
'영화 씹어먹기'의
3단계

준비물 :

씹어먹기 딱 좋은
영화를 골라라

이제 본격적으로 영화 씹어먹기를 시작해 봅시다.

영화 씹어먹기의 필수품, 바로 영화가 있어야겠죠. 밥이 차려져 있어야 밥을 먹을 수 있듯이, 일단 영화가 준비되어 있어야 영화를 씹어먹을 수 있을 것 아니겠어요.

문제는 세상에 영화가 너무 많다는 사실입니다. 2016년 네이버 영화 사이트에 개봉작으로 등록된 영화가 몇 편인지 아세요? 무려 1172편이더군요. 여기서 우리나라 영화를 빼고 일본·중국·프랑스 등 비영어권 영화를 빼고 재개봉 영화를 뺀다 하더라도 수백 편이 남겠죠. 2016년 한 해 동안만 이 정도이니 지난 수십 년 동안 어마어마한 양의 영화가 쌓여 있는 것입니다. 선택의 폭이 한도 끝도 없이 넓습니다.

그래서 영화로 영어를 공부해 보겠다고 결심했다가 어떤 것을 선택해야 할지 몰라 혼란에 빠지는 사람들이 많습니다. 영화를 고르다가 제풀에 지치기도 합니다.

저는 영화 씹어먹기를 하는 분들에게 세 가지 기준으로 영화를 고르라고 말씀드리곤 합니다. 제가 영화 씹어먹기를 할 때도 적용했던 기준들이죠.

🎬 맨 처음에는 애니메이션으로

영화 씹어먹기의 시작은 애니메이션으로 하는 것이 좋습니다. 아니, 조금 더 강하게 권유해 드리고 싶네요. 무슨 특별한 이유나 사정이 있는 것이 아니라면, 애니메이션으로 꼭 시작하세요.

애니메이션은 대개 전체관람가입니다. 애니메이션을 즐기는 성인들도 많습니다만, 그래도 기본적으로 애니메이션은 어린이 관객을 대상으로 만들어집니다.

그래서 애니메이션의 대사는 난이도가 그리 높지 않습니다. 비교적 단순한 문장들로 이루어져 있고 은어나 비속어, 유행어는 거의 없어요. 애니메이션의 대본을 읽어 보면 어린이용 동화 중에서도 짧고 쉬운 것을 읽고 있는 듯한 기분이 들 겁니다.

또한 애니메이션의 대사는 소리가 깔끔합니다. 애니메이션은 등장인물이 실제 배우가 아니라서 직접 말을 할 수 없는 터라 성우들이 더빙을 하죠. 물론 영화배우나 가수가 더빙은 하는 경우도 있어요. 잘 알려져 있듯이 〈토이 스토리〉의 주인공 목소리는 톰 행크스이고, 제가 영화 씹어먹기를 처음 했던 〈라푼젤〉의 주인공 목소리는 가수 겸 배우인 맨디 무어입니다. 하지만 그런 경우에도 전문 성우만큼 깔끔한 소리를 들려줍니다.

그런 깔끔한 소리 말고, 원어민들이 평소 사용하는 실제 영어 소리로 훈련해야 하지 않느냐고요? 물론 애니메이션의 대사가 일반 영화의 대사만큼 실제 영어 소리와 거의 같다고 할 수는 없습니다. 실제 영어 소리보다는 또박또박 분명하게 내는 소리이긴 합니다. 하지만 듣기 시험용 음성 파일이나 원어민 강사가 수업 때 하는 말과 같은 정도는 아니지요. 우리나라 성우가 더빙한 국내 애니메이션을 떠올려 보시면 이해가 되실 겁니다.

애니메이션의 깔끔한 소리는 엄마 아빠가 갓난아이에게 하는 말에 비유할 수 있습니다. 엄마 아빠가 갓난아기에게 말할 때 친구나 동료에게 하는 말투와 동일한 말투로 말하나요? 아니죠. 어떤 부모든 갓난아기 앞에서는 말투가 또박또박해집니다. 그렇게 해서 그 언어에 익숙해진 아이는 나중에는 어른들끼리 하는 말도 척척 알아듣게 됩니다. 영화 씹어먹기를 애니메이션으로 시작하는 것도 이와 같은 원리입니다.

또 한 가지 이유가 더 있습니다. 애니메이션은 화면 속 상황이 대사와 딱딱 맞아떨어집니다. 그거야 당연히 그래야 하는 것 아니냐고 생각하실 텐데, 성인을 대상으로 하는 일반 영화들 중에는 그렇지 않은 경우도 꽤 있습니다. 스토리가 배배 꼬여 있다거나 미스터리한 사건이 중심이 된다거나 회상과 상상이 뒤섞여 나온다거나……. 그냥 보기에는 흥미진진하죠. 하지만 영화 씹어먹기를 시작할 때만큼은 피해 주세요. 화면 속 상황이 대사와 맞아떨어져야 상황을 보고 대사의 뜻을 유추할 수 있고 그러면서 문법과 단어를 체화할 수 있습니다.

저는 〈라푼젤〉, 〈슈퍼배드〉, 〈미운 오리 새끼와 랫소의 모험〉, 이렇게 세 편의 애니메이션으로 영화 씹어먹기를 한 다음, 일반 영화로 넘어갔습니다. 반드시 몇 편을 보아야 한다는 기준은 없습니다. 처음 보는 애니메이션도 대사가 선명하게 들리고 자막 없이도 이해되면 그때 일반 영화나 드라마로 넘어가면 됩니다.

어학용 동영상 플레이어가 가능한 것으로

이것은 일종의 현실적인 제약이라고 할 수 있겠네요. 영화 씹어먹기는 반복이 필수입니다. 그래서 각 대사별 자동 반복 기능이 있는 어학용 동영상 플레이어를 이용해야 효과적입니다.

이 기능이 없는 일반 동영상 플레이어로 영화를 보면 계속 되돌리기를 해야 하는데, 번거롭습니다. 그 시작 지점을 일일이 정확하게 클릭해서 되돌리는 것은 사실상 불가능하기도 하고요. 대부분의 영화 대사가 몇 초밖에 안 되니까요. 정확하게 클릭하려다 집중력만 잃게 됩니다.

그런데 어떤 영화든 자동으로 대사별 자동 반복을 가능하게 해 주는 동영상 플레이어는 제가 알기로는 아직 없습니다. 그래서 영화 CD가 포함되어 있는 프로그램을 구입하는 것이 편합니다. 저도 그랬고요.

그러면 아무래도 그 프로그램에 포함된 영화 CD들 중에서 골라서 보아야 하는 겁니다. 너무 걱정하지는 마세요. 이런 종류의 영화들은 많은 사람들이 선호하는 대중적인 영화이기 마련이니까요. 그중에서 아무거나 골라도 된다고 장담할 수는 없지만 그중에 분명히 여러분이 좋아할 만한 영화가 있을 거라고 장담할 수는 있습니다.

영화 씹어먹기를 해서 영어 귀가 트이고 나면 처음 보는 영화도 자막 없이 알아듣는 기쁨을 누리실 수 있어요. 그때가 되면 동영상 플레이어쯤은 무엇이건 전혀 신경 쓰지 않아도 되겠죠.

어학용 동영상 플레이어는 시중에 다양한 프로그램이 판매되고 있으니 비교해 보고 구입하시면 됩니다. 제가 써 본 프로그램, 써 보지는 않았지만 평이 좋은 프로그램에 대해 3장의 끝에 정리해 놓았습니다. 프로그램을 구입할 때 참고하셔도 좋습니다.

🎬 재미있어서 자꾸 보고 싶은 것으로

영화 씹어먹기를 해야 하는 이유 중 하나가 즐기며 공부할 수 있다는 점이죠. 그런데 만약 영화 내용이 지루하면 영화 씹어먹기도 지루한 과정이 될 수밖에 없습니다. 영화는 무조건 재미있는 것이어야 해요. 그래야 문장마다 수십 수백 번은 반복할 수 있고 끝까지 마칠 수 있습니다.

제가 처음으로 영화 씹어먹기를 했던 애니메이션 〈라푼젤〉도 굉장히 재미있는 영화입니다. 일반 영화로는 처음 영화 씹어먹기를 했던 〈타이타닉〉이야 뭐 설명이 필요 없는 영화죠. 두 편 모두 대사마다 수없이 반복해서 보았지만 지금 또 보라 해도 전혀 지루해하지 않고 재미있게 볼 거예요. 반면, 어떤 영화들은 보다가 영 지루해서 중단할 수밖에 없었습니다.

제 경험을 되돌아보면, 애니메이션은 웬만하면 재미있는 것 같아요. 아무래도 어린이들의 흥미를 끌기 위한 요소가 많으니까요. 특히 디즈니, 픽사 작품이면 실패 확률이 적습니다.

일반 영화는 장르가 워낙 다양한데요, 평소 영화를 두루두루 재미있게 보는 분들은 기왕이면 로맨스 영화로 영화 씹어먹기를 하세요. 여자와 남자가 살아가다가 사랑에 빠지는 과정을 그리다 보니 일상생활에서 자주 쓰이는 표현이 많이 나오고 대사의 양도 많거든요. 그에 비해, 전쟁 영화나 액션 영화는 일상생활과 거리가 있는 단어가 많이 나오고, 대사가 그리 많지 않은 데다, 강렬한 배경음에 묻혀서 대사가 잘 안 들리기도 합니다.

하지만 평소 재미있게 보는 영화가 로맨스 영화보다는 전쟁·액션 영화시라면 이 영화로 영화 씹어먹기를 하셔도 좋습니다. 로맨스 영화로 훈련하다가 중단하는 것보다 전쟁·액션 영화로 계속해서 끝까지 마치는 것이 훨씬 더 효과적이니까요.

영화 씹어먹기를 하다가 그 영화에 영 흥미가 안 갈 때는 과감히 중단하고 다른 영화로 바꾸세요. 다른 사람들은 다 재미있다고 '강추'를 하는 영화인데 왜 나는 재미없을까 고민되나요? 중단하고 다른 영화로 바꾸세요. 예전에 볼 때는 재미있었던 영화인데 다시 보려니 지루한가요? 역시나 중단하고 다른 영화로 바꾸세요. 영화 씹어먹기를 위한 영화는 적어도 100번을 되풀이해 본다 해도 질리지 않는 영화여야 합니다.

꼭 명심해 주세요. 제가 영화의 재미를 강조하는 것은 그래야 즐겁게 훈련할 수 있고, 즐겁게 훈련해야 영화 한 편을 끝까지 마칠 수 있기 때문입니다. 영화 한 편을 처음부터 끝까지 온전히 씹어먹는 것, 이것이 가장 중요합니다.

사람마다 영화 취향이 다르기 때문에 특정 영화가 무조건 좋다고 추천 드릴 수는 없습니다. 누군가에게는 인생에서 가장 재미있게 본 영화가 다른 누군가에게는 별로일 수도 있죠.

제가 실제로 영화 씹어먹기를 했던 영화들의 목록을 3장의 마지막에 부록으로 수록해 놓았는데요, 추천용이라기보다는 참고용이라고 생각해 주세요. 각 영화의 장점과 단점을 모두 적어 놓았으니 비교해 보시고 영화를 선택할 때 참고하시면 됩니다.

📽️ FAQ 자주 받는 질문들

제가 자주 받았던 질문 몇 가지를 더 모아 보았어요.

Q.1 이미 본 영화? 아직 안 본 영화? 어느 쪽을 골라야 하나요?

A. 이미 본 영화는 재미없을 확률이 좀 더 적다는 장점이 있습니다. 자신의 취향에 잘 맞는지 스스로 검증한 영화를 고르는 셈이니까요.

아직 안 본 영화는 영화 씹어먹기를 좀 더 재미있게 만들 수 있다는 장점이 있습니다. 다음 내용이 무엇일까 하는 호기심과 기대감이 더욱 즐거움을 줄 테니까요.

즉 이미 보았든 아직 보지 않았든, 마음이 가는 영화를 선택하시면 됩니다.

Q.2 미국 영화? 영국 영화? 어느 쪽을 골라야 하나요?

A. 미국 영화만 보면 영국 영어를 못 알아들을 텐데, 또는 반대로 영국 영화만 보면 미국 영어를 못 알아들을 텐데 걱정되시나요? 그런 걱정은 안 하셔도 돼요.

저는 거의 대부분 미국 영화들로 영화 씹어먹기를 했습니다. 하지만 일단 영어 귀가 트이고 나니 영국 영화를 볼 때 특별히 어려웠던 적은 없었어요. 그 반대로 했어도 마찬가지였을 겁니다.

물론 반드시 영국 영어와 똑같은 발음을 구사하고 싶다 하는 분들이라면 영국 영화만 집중적으로 보는 편이 낫겠죠. 그런 경우가 아니라면 미국 영화인지 영국 영화인지는 굳이 따지지 않으셔도 괜찮습니다.

Q.3 영화 말고 드라마를 골라도 되나요?

A. 그럼요. 드라마는 텔레비전에서 방영되고 한 편의 시간이 짧다는 점만 빼면 영화와 거의 같습니다. 그래서 영화 씹어먹기는

드라마로도 가능합니다.

　다만, 앞에서 말씀드린 기준들은 드라마를 고를 때도 동일하게 적용된다는 사실을 기억해 주세요. 영화 씹어먹기를 처음 시작할 때는 애니메이션인 드라마로, 그리고 무지 재미난 드라마로 선택하시면 좋습니다.

영화 씹어먹기의
효과를 높이는
예습법

영화를 고르셨나요? 그럼 이제 본격적으로 영화 씹어먹기에 들어갑시다. 자, 1단계입니다.

그런데 말입니다, 엄연히 영화 씹어먹기의 1단계이지만 아직 영화를 보는 것은 아닙니다. 영화를 보기에 앞서 반드시 해야 할 일이 있습니다.

65쪽 〈닥치고 듣기! 영어 듣기가 되어야만 영어 말하기도 된다〉에서 영어 소리의 특성 세 가지에 대해 말씀드렸지요. 여기서 간략히 되짚어 보겠습니다.

첫째, 발성. 한국어는 주로 목을 이용해서 고른 호흡으로 말합니다. 영어는 목보다 더 아래쪽에서부터 나오는 강한 호흡으로 말합니다.

둘째, 강세. 한국어는 단어의 모든 부분을 동일한 세기로 말합니다. 영어는 단어 안에서 특정한 부분에 강세를 주어 말합니다.

셋째, 리듬. 한국어는 모든 단어의 세기가 동일하므로 리듬이 없습니다. 영어는 몇몇 단어에 더 강세를 주어 말하므로 리듬이 있습니다.

영어를 들을 때, 듣는 것과 동시에 이 세 가지 특성을 인식할 수 있어야 합니다. 특별히 의식하지 않아도 말이에요. 다르게 표현하자면, 이 세 가지 특성이 우리 몸에 체화되고 우리 뇌의 운동 피질에 저장되어야 하는 거죠. 그렇게 되면 영어가 한국어와 같이 들리게 됩니다.

영화 씹어먹기는 영어 소리의 세 가지 특성을 체화하고 운동 피질에 저장하는 과정이죠. 그런데 다짜고짜 영화부터 보기 시작하면 들리지 않는 소리, 잘못 들리는 소리가 너무 많아 당황한 나머지 길을 잃을 염려가 있습니다. 이런 불상사를 방지하기 위해서는 영어 소리의 특성인 발성, 강세, 리듬을 먼저 연습해 두는 것이 좋습니다.

이 연습이 바로 영화 씹어먹기의 1단계입니다. 일종의 예습이라고 말할 수도 있겠군요. 영화 씹어먹기 훈련에서는 특히 이 예습의 중요성이 큽니다.

그럼 영화를 씹어먹을 때의 핵심 키워드, 발성, 강세, 리듬을 예습해 봅시다. 그냥 속으로만 읽고 넘기지 말고, 반드시 직접 소리를 내서 그 특성을 경험해 보세요.

글로만 보아서는 헷갈린다 싶으신 가요? 그런 분들을 위해 제가 직접 한국어 소리와 영어 소리를 비교해서 들려 드리는 동영상을 만들었습니다. QR코드를 스캔하면 보실 수 있어요. 여러분이 말하는 소리와 비교하며 들어 보세요. 그리고 이 1단계에서는 "아하, 영어 발성은 이런 식이구나" "강세와 리듬은 이런 느낌이구나" 하고 감을 잡으시는 정도면 됩니다.

발성, 강세, 리듬마다 약 5분씩만 연습해 보세요. 2단계, 3단계로 넘어간 다음에도 매일 조금씩 연습하면 더욱 좋고요. 이렇게 꾸준히 연습하면 점차 영어 소리가 익숙해질 겁니다. 또 여러분의 영어 소리도 원어민처럼 자연스럽고 빨라질 겁니다.

📽 영어 발성으로 소리 내기

한 언어의 발성은 숨을 내쉬는 양에 따라 결정됩니다. 영어의 발성은 목 아래에서부터 나오는 강한 호흡이 특징이죠. 다시 말해, 많은 양의 숨을 내쉬면서 소리를 낸다는 것입니다.

다음 순서대로 차근차근 따라 하며 영어 발성을 연습해 보세요.

1. 입을 열고 몇 초 동안 천천히 숨을 들이쉬세요. 숨이 몸 안에 적당히 차올라 가슴이 부풀어 오를 때까지 들이쉬세요.

2. 몸 안에 차오른 숨을 강하고 빠르게 후! 내쉬세요. 감이 잘 잡히지 않는다면, 눈앞의 미세한 먼지를 입으로 후! 불어서 날려 보낸다고 상상하면서 해 보세요.

3. 마찬가지로 숨을 내쉬면서 이번에는 '아' 하는 소리를 같이 내 보세요.

4. 그렇게 소리 내는 법을 118쪽 영어 단어들에 적용해 보세요.

어때요. 강하고 빠르게 숨을 내쉬면서 영어 단어를 말하니까 영어의 발성이 한국어와 다르다는 사실이 실감 나시죠?

board	nose
day	quiz
face	school
game	town
heart	use
life	wolf
love	word

실제 발음을 들어 보세요. ➔

🎬 영어 단어에 강세 넣어서 소리 내기

강세는 단어에 따라 불규칙한 경우가 많습니다. 그래서 어느 부분에 강세가 들어가는지 확인하기 위해서는 단어마다 일일이 영어 사전을 확인해야 합니다.

하지만 이것 역시 그리 부담 가지지 않으셔도 됩니다. 앞서 단어와 문법을 따로 암기하지 않아도 영화 씹어먹기를 하면 자연스레 습득된다고 말씀드렸는데요, 강세 또한 반복해 따라하다 보면 점차 익히실 수 있습니다.

다만 지금은 예습을 하는 시간이니 예시들을 가지고 강세를 연습해 봅시다. 아래에 예시가 될 만한 단어들 몇 개를 모아 놓았습니다. 검은 색으로 표시된 부분이 글자가 강세가 들어가는 음절입니다. 그 부분에 강세를 넣어 단어들을 말해 보세요.

강세를 넣는 것은 단순히 크게 소리 내는 것이 아닙니다. 영어 발성을 연습할 때 했듯이 숨을 빠르고 강하게 내쉬며 소리 내세요.

auto	lo**ca**tion
ba**na**na	**mar**athon
communi**ca**tion	oppor**tu**nity
com**mu**nity	pro**du**cer
dictionary	**rea**son
energy	su**pport**
genius	**ta**lent
holiday	umb**rel**la
infor**ma**tion	**veg**etable
kingdom	**wri**ter

실제 발음을 들어 보세요. ➔

🎬 영어 문장에 리듬 넣어서 소리 내기

리듬은 규칙성이 있습니다. 명사, 동사, 형용사, 부사, 의문사는 강세가 들어갑니다. 그리고 대명사, 전치사, 접속사, 조동사, 관사, be동사는 강세가 들어가지 않습니다.

그렇다고 규칙적이라고 해서 만만한 것은 아니죠. 영어 문장을 보자마자 동시에 리듬을 파악할 수 있어야 하는데, 이건 단어니까 강세를 주고 저건 접속사니까 강세를 안 주고…… 어느 세월에 이러고 있겠습니까. 길이가 길고 구조가 복잡한 문장일수록 더욱 헷갈릴 거예요.

영화 씹어먹기는 리듬을 바로바로 인식하도록 만들어 줍니다. 하지만 영화 씹어먹기를 막 시작했을 때는 리듬 때문에 가장 당황하게 되죠. 리듬은 영화 대사가 잘 안 들리게 하는 주범이거든요.

그러니 먼저 연습을 해 봅시다. 옆에 다양한 영어 문장들을 모아 놓았습니다. 검은색으로 표시된 단어들이 강세가 들어가는 단어입니다. 이 단어들에 강세를 주어 리듬을 넣으며 문장을 말해 보세요.

이때 숨을 빠르고 강하게 내쉬며 소리 내야 한다는 점, 각각의 단어에도 강세를 넣어야 한다는 점도 명심하시고요.

❶ **Mary** has **lived** in **Japan** for **five years.**

❷ I **don't understand** this **chapter** of the **book.**

❸ The **children** will be **swimming** in the **ocean.**

❹ I'm **happy** that I can **go** to the **library.**

❺ I **studied hard** for the **test,** but I **didn't do well.**

❻ **Why** did you **read** the **book?**

실제 발음을 들어 보세요. ➜

❶ Mary, Japan, years는 모두 명사라서 강세가 들어갑니다. 조동사인 has, 전치사인 in과 for는 강세가 없습니다. five와 같이 수를 의미하는 단어는 대개 강세가 들어가는 편입니다.

❷ don't는 부정축약어, understand는 동사, chapter와 book은 명사로 모두 강세가 있습니다. I와 this는 대명사, of는 전치사, the는 관사로 강세가 없습니다.

❸ children과 ocean은 명사, swimming은 동사이므로 강세가 있습니다. will은 조동사, be는 당연히 be동사, in은 전치사, the는 관사이므로 강세가 없습니다.

❹ happy는 형용사, go는 동사, library는 명사로 강세가 있습니다. I'm

은 대명사와 be동사의 축약어, that은 접속사, I는 대명사, can은 조동사, to는 전치사, the는 관사로 모두 강세가 없습니다.

❺ 동사인 studied와 do, 부사인 hard와 well, 명사인 test, 부정축약어인 didn't는 강세가 있습니다. 대명사인 I, 전치사인 for, 관사인 the, 접속사인 but은 강세가 없습니다.

❻ 이제 따로 설명하지 않아도 다 아시겠죠? why, read, book은 강세가 있고, did는 강세가 없습니다.

영화 대사, 딱 한 개만 확실히 씹어먹자

이제 진짜 본격적으로 영화를 보는 단계입니다. 2단계에서 할 일은 딱 한 개의 영화 대사를 씹어먹는 것입니다. 정말 딱 한 개만요.

밥을 먹을 때도 잘 안 씹어먹고 꿀꺽 넘기면 소화가 잘되지 않습니다. 한입 한입 꼭꼭 씹어먹어야 소화가 잘되고 영양소가 나의 몸에 흡수되지요. 영화 씹어먹기도 마찬가지예요. 대사 하나하나를 잘근잘근 꼭꼭 씹어먹어야 그 문장이 내 것으로 체화될 수 있습니다. 이제부터 저와 차근차근 순서를 밟아 가며 영화 대사 한 개를 씹어먹어 봅시다.

제가 영화 씹어먹기를 처음 했던 영화는 애니메이션 〈라푼젤〉

이죠. 〈라푼젤〉의 첫 번째 대사를 가지고 영화 씹어먹기를 하는 과정을 보여 드리겠습니다. 여러분이 고른 영화로 이 과정을 함께해 보세요. 또는 일단 연습 삼아 저와 똑같이 〈라푼젤〉로 해 보세요.

재생 버튼 클릭!

우선 동영상 플레이어가 무자막 상태로 설정되어 있는지 확인합니다. 그리고 동영상 플레이어의 재생 버튼을 클릭합니다. 영화가 시작되네요. 〈라푼젤〉의 오프닝 부분이 나옵니다.

이미 본 적 있는 영화라서 내용을 잘 알고 있나요? 그렇다면 첫 번째 대사가 끝났을 때 두 번째 대사로 넘어가지 말고 곧바로 첫 번째 대사로 다시 돌아가도 괜찮습니다.

처음 보는 영화라서 내용을 잘 모르고 있나요? 보긴 봤는데 내용이 잘 기억나지 않나요? 그렇다면 끊지 말고 일단 몇 개의 대사를 연이어서 죽 보세요. 그래야 영화 속에서 어떤 상황이 벌어지고 있는 것인지 맥락을 파악하기 더 좋으니까요.

어떤 경우든, 흥미롭다고 넋 놓고 계속 보면 안 됩니다. 우리는 지금 영화 감상이 아니라 영화 씹어먹기를 하는 중이라는 사실, 잊으면 안 되겠죠.

이제 되돌리기 버튼을 눌러서 첫 번째 대사로 돌아갑니다.

🎬 대사를 듣고 받아 적기

첫 번째 대사를 다시 재생합니다. 소리와 화면에만 집중하세요.

잘 들리시나요? 〈라푼젤〉의 첫 번째 대사는 애니메이션치고도 꽤 느린 속도로 말하는 대사라 제법 들리는 편이죠? 하지만 약하게 들려서 혼동을 주는 단어들도 분명 있습니다.

그 대사를 받아 적어 보세요. 잘 안 들리는 부분이 있다면 대사를 다시 듣습니다. 그래도 들리지 않는다면 다시 한번 더 들어 보세요. 소리가 완전히 들릴 때까지 들어 보셔야 합니다.

최대한 적을 수 있는 만큼 적으셨다면 영어 자막을 켭니다.

This is the story of how I died.

이런 문장이군요. 여러분이 받아 쓴 문장과 비교해 봅니다.

완벽하게 받아 쓰셨나요? 그렇더라도 다음 대사로 바로 넘어가면 안 됩니다. 2단계를 모두 밟은 다음에야 다음 대사로 넘어갈 수 있습니다.

완벽하게 받아 쓰지 못하고 몇몇 단어를 놓치셨나요? 너무 실망하지 마세요. 이제 시작일 뿐이니까요. 이제 한글 자막을 켜서 대사의 뜻을 확인합니다. 이 대사의 한국어 자막은 '이 이야기는 제가 어떻게 죽었든지에 관한 것입니다'로군요.

그런데 한글 자막을 확인하는 것은 필수적인 사항은 아닙니다. 저의 경우, 정확하게 해석하지 못했더라도 영화 속 상황에 따라 뜻이 대략 짐작된다면 굳이 한글 자막을 확인하지 않았습니다. 그러면서 자연스레 문법과 단어를 익힐 수 있었죠.

🎬 단어마다 끊어서 말하기

이 첫 번째 대사를 따라서 말합니다. 그런데 대사를 죽 말하는 것이 아니라 단어마다 탁탁 끊어서 말해야 합니다. 문장을 단어별로 나누어 한 단어, 한 단어 집중해서 말하는 것입니다.

> **This , is , the , story , of , how , I , died**

이때 명심해야 할 점. 1단계에서 예습했던 것들을 떠올려 보세요. 영어 발성대로 숨을 빠르고 강하게 내쉬며 말합니다. 영화 속에 더빙된 소리와 한결 가까워졌죠?

강세도 유의해야 합니다. 한국인이 자주 쓰는 외래어이기도 한 스토리가 눈에 띄네요. 평소 익숙한 대로 '스 토 리'라고 하지 말고 첫 번째 모음에 강세를 주어 '스 토! 리'라고 말합니다.

그런 다음, 리듬을 염두에 두고 다시 문장으로 죽 이어서 말합니다.

> **This is the story of how I died.**

단어의 종류를 일일이 분석해서 따지기보다는 그냥 영화 대사의 소리 그대로 리듬을 타려고 해 보세요. 강세가 작고 약하게 들어가는 is, the, of, I 등을 특히 주의하면서 리듬을 익히세요.

그 많은 영화 대사를 하나하나 일일이 따라하는 과정이 힘드실 수 있습니다. 영화 씹어먹기의 첫 영화라 그러실 수 있어요. 하지만 점차 익숙해진 다음부터는 굳이 이런 과정을 거치지 않아도 바로바로 소리를 따라 말할 수 있습니다.

🎬 동시에 말하기를 반복, 또 반복

영화 대사를 반복해서 말할 순서입니다.

일단 대사를 듣는 것과 동시에 말합니다. 듣고 나서 따라 말하는 것이 아니라, 들으면서 동시에 말하는 것이 중요한 포인트예요. 반복해서 말하는 와중에 되돌리기 버튼을 자꾸 클릭하려면 번거롭겠죠. 자동 반복 기능이 있다면 꼭 사용하세요.

언제까지 반복해야 할까요? 그 대사가 입에 착 달라붙어 자연스럽게 나올 때까지 반복합니다. 저도 〈라푼젤〉의 첫 번째 대사를 100번이 조금 넘게 반복했답니다.

> This is the story of how I died.
> This is the story of how I died.
> This is the story of how I died.
> This is the story of how I died.
> This is the story of how I died.
> (......)

자, 입에서 이제 자연스럽게 "This is the story of how I died"라고 흘러나오나요? 그렇다면 2단계를 마친 겁니다. 여러분은 〈라푼젤〉의 첫 번째 대사를 잘근잘근 완전히 씹어먹었습니다. This is the story of how I died. 이 문장은 이제 여러분의 것이 되었습니다.

영화 전체를
씹어먹기,
시간 활용에 달렸다

2단계는 영화 대사 하나를 씹어먹는 것이었죠. 지금부터 하실 3단계는 영화 한 편 전체를 씹어먹는 것입니다. 원리는 같습니다. 2단계에서 했던 대로 두 번째 대사도, 세 번째 대사도, 또 그다음 대사도 똑같이 반복하시는 게 중요합니다.

〈라푼젤〉의 대사는 다음과 같이 이어집니다. 첫 번째 대사를 잘근잘근 씹어먹었듯, 다음 대사들도 잘근잘근 씹어먹어서 여러분의 것으로 만들어 보세요.

> **Don't worry, this is actually a very fun story.**
> 걱정하지 마세요. 아주 재미있는 이야기니까요.
>
> **And the truth is: it isn't even mine.**
> 그리고 사실은 제 이야기도 아니에요.
>
> **This is the story of a girl named Rapunzel.**
> 라푼젤이라는 이름의 한 소녀에 관한 이야기인데
>
> **And it starts, with the sun.**
> 태양에 관한 내용으로 시작하지요.

여러분이 〈라푼젤〉의 대사들을 계속 씹어먹다 보면 마지막으로 다음의 대사들을 만나게 됩니다. 여기까지 하고 나면 여러분은 〈라푼젤〉 전체를 씹어먹은 것입니다.

> **Will we live happily ever after?**
> 우리 행복하게 오래오래 살까?
>
> **Yes, we will.**
> 응. 그럴 거야.

애니메이션 한 편을 다 씹어먹고 나면 정말 뿌듯하면서 영어에 대한 자신감이 솟을 거예요. 그러고서 다른 애니메이션을 보면 전보다 확실히 잘 들리는 것을 느끼실 겁니다.

저는 〈라푼젤〉 다음에 〈슈퍼배드〉와 〈미운 오리 새끼와 랫소의 모험〉으로 영화 씹어먹기를 했는데 〈라푼젤〉 때보다 훨씬 수월했습니다. 일반 영화는 애니메이션보다 조금 어려웠지만 역시 〈타이타닉〉으로 영화 씹어먹기를 하고 났더니 〈어거스트 러쉬〉는 꽤 수월하게 할 수 있었습니다. 그렇게 영화 씹어먹기로 6개월을 보낸 후 어떤 영화든 마치 한국 영화를 보는 것처럼 대사가 잘 들리게 되었습니다.

여러분도 여러분이 직접 고른 영화로 시작해 보세요. 영화 한 편을 씹어먹는 방법 자체는 모두 말씀드렸습니다. 이제 여러분에게 필요한 것은 오직 이것뿐이에요. 영화 씹어먹기에 여러분의 시간을 들이는 것. 그래서 영화 씹어먹기 3단계의 핵심은 바로 시간 활용입니다.

🎬 매일매일 꼬박꼬박

처음에 저는 하루에 열 시간씩 영화 씹어먹기를 했습니다. 이렇게 매일 하니까 영화 한 편을 다 씹어먹는 데 영화 대사량에 따라 한두 달 정도가 걸리더군요. 하지만 이 훈련이 계속될수록 영화 한 편 씹어먹기를 완성하는 시간도 차츰 줄어들었습니다.

애니메이션 〈라푼젤〉을 처음 보았을 때는 두 달이 걸렸다가 다음 애니메이션들을 볼 때는 한 달이 좀 안 될 정도로 시간이 줄어들었습니다. 일반 영화로 넘어가고 난 후 난이도가 어려워져서, 또 〈타이타닉〉이 세 시간이 넘는 긴 영화이기도 해서 두 달이 걸렸습니다. 하지만 다음 영화들을 볼 때는 다시 한 달이 좀 안 되는 정도로 시간이 줄어들었습니다.

휴학 중이라든가 유학 준비 중이라든가 "나는 이번 기회에 무조건 영어를 정복하고 말겠다!" 하고 의지를 다지는 분이라면 저처럼 하루하루를 온전히 영화 씹어먹기에 투자해 보세요. 몇 달이면 영어 귀가 트이는 경험을 하시게 될 겁니다.

하지만 모든 분들이 그렇게 하루 열 시간씩 영화 씹어먹기를 할 수는 없겠죠. 그런 분들은 장기전을 계획하셔도 좋습니다. 이때 중요한 것은 한두 시간씩, 그것도 힘들다면 단 30분씩이라도 매일매일 꾸준하게 하는 것입니다.

운동도 평소에 안 하다가 한 번에 몰아서 하면 효과가 거의 없어요. 영화 씹어먹기도 그렇습니다. 일주일 중 6일을 흘려보내고 주말 하루 날 잡아서 열 시간 동안 하는 것보다 매일매일 30분씩 일주일, 한 달, 반 년, 1년…… 꾸준히 하는 것이 훨씬 효과적입니다.

🎬 자투리 시간을 모아 모아

저는 영화 씹어먹기를 하는 동안 아주 잠깐의 시간이라도 최대한 모두 활용하려고 애썼습니다. 목욕을 하는 동안에는 옆에 노트북을 두고 영화 씹어먹기를 했습니다. 스트레칭을 하면서도 영화 씹어먹기를 했습니다. 외출해서 돌아다니는 시간도, 심지어 화장실에 있는 시간도 그냥 흘려보내지 않았습니다. 일일이 계산할 수는 없지만 그렇게 해서 모인 시간이 분명 꽤 되었을 겁니다.

직장인이나 학생은 자투리 시간의 활용이 더욱 중요하겠죠. 자투리 시간이라고 하니까 별것 아닌 듯하지만 이리저리 끌어 모으면 아무리 적어도 하루 30분은 충분히 확보할 수 있을 거예요.

아침에 자투리 시간을 만든다면 좋습니다. 아침은 하루 중 머리가 가장 맑은 시간이기 때문에 그만큼 집중이 더 잘된다고 합니다. 저녁 시간에도 자투리 시간을 만들 수 있겠죠. 회사나 학교에서의 일과를 마치고 집에 돌아온 다음이라 물론 피곤할 거예요. 하지만 기왕 영화 씹어먹기를 결심했다면 30분씩 실천해 보세요.

이동하는 시간도 활용할 수 있습니다. 영화 파일을 핸드폰에 넣어 두면 지하철이나 버스 안에서도 볼 수 있죠. 아무래도 받아 적기나 동시에 따라 말하기가 불편한 만큼 이때는 복습을 하는 편이 더 좋겠죠. 소리 내지 않고 입만 작게 움직이는 것도 도움이 됩니다.

씻을 때, 요리할 때, 청소할 때……. 일상생활에서 자투리 시간을 더 찾으실 수 있을 거예요. 화면을 보기 힘들 때는 소리만이라도 복습하세요. 1단계만 반복해도 좋고요. 이것만으로도 무척 도움이 될 거라고 장담합니다.

📽 영화 씹어먹기를 '취미'로

요가가 취미라는 분의 이야기를 들은 적이 있습니다. 요가에 빠진 이후 집과 회사만 오가던 생활 패턴이 바뀌었다고 하더라고요. 처음에는 저녁에만 요가를 하다가 나중에는 아침에도 요가를 하게 되었고 결국 요가 강사 자격증까지 취득했다고 합니다.

무언가를 취미로 즐기게 되면 어떻게든 시간을 내기 마련입니다. 바쁜 하루를 어떻게든 쪼개고 쪼개어 그 취미를 위한 시간을 만들게 되죠.

영화 씹어먹기가 취미라면 어떻게 될까요? "매일 규칙적으로 해야 하는데……" "자투리 시간을 활용해야 하는데……" 하고 굳이 의식하지 않아도 어느새 영화 씹어먹기를 하고 있는 자신을 발견하게 됩니다.

제가 영화를 고르는 기준으로 재미를 강조했습니다. 영화 씹어먹기의 장점으로도 즐기며 할 수 있다는 점을 강조했지요. 즐기며 계속하다 보면 그게 곧 취미인 거죠.

취미도 즐기고, 영어 실력도 늘고, 얼마나 신나는 일입니까. 영화 씹어먹기를 여러분의 취미로 삼아 보세요.

플러스 :

영어 입이
완벽하게 트이는
스토리텔링법

영화 씹어먹기를 통해 영어 귀가 트였다면 이제 영어 정복의 큰 산을 넘으신 겁니다. 귀를 트이게 했으니 다음은 입을 더 확실히 트이게 할 차례겠죠.

사실 영화 씹어먹기는 듣기 훈련인 동시에 말하기 훈련이기도 합니다. 영화 대사들을 따라 말하면서 자연히 그 문장들을 입에 익혔으니까요. 영화 씹어먹기를 마치셨다면 기초적인 수준의 영어 말하기는 충분히 하실 수 있습니다.

하지만 여러분은 여기서 만족하고 싶지는 않으실 거예요. 저도 그랬습니다. 제가 원하는 영어 말하기 수준은 기초적인 단계를 넘어 원어민과 능숙하게 자유자재로 대화를 나누는 것이었습니다.

때로 격렬한 토론까지도 벌일 수 있을 정도로 말이에요.

그래서 영어 말하기를 확실히 해결해 준다는 이런저런 온라인 강의들을 등록해서 들어 보았습니다. 하지만 이미 기초적인 수준의 영어 말하기는 충분히 가능한 제게 기존의 강의들은 영 성에 차지 않았습니다. 이건 아니다 싶어 온라인 강의들을 모두 중단하고 또다시 온갖 자료들을 찾아보았습니다.

그렇게 해서 제가 찾아낸 방법이 바로 '스토리텔링법'이었습니다. 스토리텔링법으로 영어 말하기 훈련을 시작한 지 두세 달 만에 입에서 영어가 술술 흘러나오더군요. 영화 씹어먹기로 영어 귀가 확 뚫렸듯 스토리텔링법으로 영어 입이 확 뚫린 것이죠. 영어 말하기 실력을 확인해 보기 위해 원어민 회화 학원에 갔더니 원어민 강사가 제 실력이면 굳이 학원을 다닐 필요가 없다고 칭찬까지 할 정도였습니다.

영어 말하기도 영어 듣기만큼 완벽하게 하고 싶은 분들을 위해 영화 씹어먹기 이후의 '플러스' 단계인 스토리텔링법을 알려 드리겠습니다. '스토리텔링storytelling'이란 단어는 '이야기하기'라는 뜻입니다. story(이야기)와 telling(말하기)이 합쳐진 말이죠.

참, 노파심에 자꾸 말씀드리는데 스토리텔링법은 영화 씹어먹기를 마친 상태가 아니라면 큰 효과를 발휘할 수 없다는 사실, 꼭 명심해 주세요.

📽️ 'story(이야기) + telling(말하기)' 반복하기

많은 사람들이 영어 회화 강의를 들어도 입이 트이지 않는다고 의아해합니다. 어째서 그럴까요? 말하기 훈련 시간이 충분하지 않고 마음껏 실수할 수 있는 환경이 마련되어 있지 않다는 것도 중요한 이유입니다.

하지만 가장 근본적인 이유는 대부분의 영어 말하기 강의가 진정한 의미의 영어 말하기가 아니라 '한국어를 영어로 바꾸기'에 머물러 있기 때문입니다.

예를 들어 볼게요. 영어 회화 강의에 들어가면 강사가 묻습니다. "자, 여러분이 입학 면접을 보고 있다고 가정해 봅시다. 면접관에게 '나는 열심히 공부해서 좋은 결과를 얻었습니다'라고 영어로 말하려면 어떻게 하죠?" 그러면 학생은 머릿속으로 열심히 영어 단어들을 짜 맞춥니다. '어, 그러니까, I studied hard…… 그런 다음에……' 그렇게 해서 문장이 완성되면 마침내 입으로 말합니다.

영어 귀가 트인다는 것은 영어를 들으며 바로바로 이해한다는 뜻이잖아요. 영어 입이 트인다는 것도 마찬가지로 바로바로 영어 문장을 말한다는 것입니다. 머릿속에 한국어 문장을 떠올리고, 한국어 문장을 영어 문장으로 번역하고…… 이런 번거로운 과정 없이 바로바로 말해야 합니다.

앞서 영화 씹어먹기에 대해 이야기할 때 아이가 모국어를 배우는 방식을 살펴보았죠. 아이가 모국어를 익힐 때 듣기부터 하듯이, 영어를 익힐 때도 듣기부터 해야 한다고 말씀드렸어요. 그렇다면 이번에는 아이가 모국어를 유창하게 말하게 되기까지의 과정을 좀 더 집중적으로 들여다봅시다.

아이는 엄마가 하는 말을 듣습니다. 그리고 그것을 반복해 말하며 기초적 단어와 문장들을 익힙니다. 그런 이후, 엄마의 말에 대해 바로바로 대답을 하는 방식으로 말하기 능력을 키워 나갑니다. 그러면서 엄마가 긴 말story을 하면telling 아이도 바로바로 긴 대답story을 할telling 수 있게 됩니다. 이것을 반복하다가 마침내 아이는 입이 트이고 모국어를 자유자재로 말하게 되지요.

스토리텔링법은 이 원리를 적용한 말하기 훈련 방법입니다. 누군가 어떤 이야기story를 말하면telling, 여러분은 이 이야기의 내용에 대한 대답story를 바로바로 말합니다telling. 물론 당연히 영어로요.

그런데 누가 여러분에게 이야기를 말해 주냐고요? 이 단계에서는 원어민이나 준원어민 실력을 갖춘 이와 함께하면 좋습니다. 하지만 이렇지 못할 경우가 대부분이죠.

저는 원어민 과외 교사는커녕 영어 학원에 갈 형편도 어려운 상황이었죠. 그래도 다 방법이 있었습니다. 바로 스토리텔링법을 적용한 녹음 파일을 구해서 이용했어요.

녹음 파일을 이용하니 장점이 많더군요. 시간과 장소에 관계없이 말하기 훈련을 할 수 있고, 하루에 다섯 시간이든 열 시간이든 제 마음대로 훈련 시간을 조정할 수 있고, 남들 눈치 보지 않고 마음껏 실수할 수 있었습니다.

이 녹음 파일을 구하기 힘든 분들을 위해 제가 준비했습니다. 다음 QR 코드를 스캔해 강의와 함께 들어 보세요. 그리고 이어지는 부록 페이지에서 저와 함께 스토리텔링법을 적용해 봅시다. 영어 말하기까지 정복하는 길이 여러분을 기다리고 있습니다.

스토리텔링 강의를 들어 보세요. ➡

스토리텔링법으로
영어 말하기 훈련하기

스토리텔링법의 순서는 크게 세 단계입니다.

1. 영어로 된 스토리를 듣습니다.
2. 그 스토리에 대한 한국어 질문들을 듣고 영어로 대답합니다. 대답은 짧게 합니다.
3. 그 스토리에 대한 영어 질문들을 듣고 영어로 대답합니다. 대답은 온전한 문장의 형태로 합니다.

먼저 한국어로 된 질문을 듣고 대답은 짧게 하는 이유는, 바로바로 영어로 대답하는 훈련을 하기 위해서입니다. 단 하나의 단어만으로 이루어진 대답도 괜찮습니다. 바로바로 대답하는 것에 집중합니다. 질문을 듣고서 '지금 내가 하고 싶은 대답을 영어로 하면……' 하고 머릿속으로 영작을 하고 있으면 안 됩니다. 그러다 조금씩 대답의 길이를 늘려 갑니다.

어느 정도 익숙해졌다고 판단되면, 그다음에는 영어로 된 질문을 듣습니다. 이때는 바로바로 대답하면서도 주어, 동사, 목적어 등 하나의 문장이 온전히 갖추어져 있는 형태로 대답합니다.

처음에는 명사만으로 된 짧은 대답도 바로바로 나오지 않을 수 있지만, 훈련을 거듭하다 보면 주어도 넣고 동사도 넣으며 자연스럽게 대답이 길어질 겁니다. 이런 식으로요.

질문   What did the guy do for her?

대답   flowers.
　　　→ He bought.
　　　　→ He bought flowers.
　　　　　→ He bought flowers for his.

질문   What does he do to do well on the test?

대답   Movies.
　　　→ He watches.
　　　　→ He watches movies.
　　　　　→ He watches movies to do well on the test.

온전한 문장으로 대답하는 것까지 완전히 익숙해지고 나면 어떤 말이든 자연스럽게 입에서 나오게 됩니다. 이때가 바로 입이 트인 것입니다.

▶ 영어로 된 스토리 듣기

자, 앞 장에서 여러분이 스캔한 QR코드를 통해 스토리 하나를 들어 보세요. 10개의 문장으로 이루어진 스토리입니다.

일부러 번역과 단어 해석은 싣지 않았어요. 스토리텔링법을 하기 전에 이미 영화 씹어먹기를 마친 상태라서, 영어 듣기는 완벽하게 할 수 있는 상태일 테니까요.

Kim lived in Korea.
He was a 24 years old student who studied English for many years.

He was very smart.

But he had a problem.

Although he memorized all the English grammar rules and words, he still had trouble talking to people in English.

One day, he decided to study English in a different and interesting way.

He stopped memorizing boring grammar rules.

Instead, he started watching movies and the news.

After 6 months, his English skills improved dramatically, and he was able to talk to anyone in English fluently.

He was very happy!

한국어 질문들을 듣고 영어로 짧게 대답하기

문장 하나당 질문 하나. 그러니까 모두 10개의 질문에 대답을 하시면 됩니다. 편의상 질문들을 아래에 적어 놓긴 했습니다만, 어디까지나 원칙은 질문을 읽는 것이 아니라 듣는 것입니다. 스토리에 이어지는 질문들을 잘 들으세요.

말씀드렸듯이, 처음에는 짧게 대답하셔도 좋아요. Yes 혹은 NO라고만 해도 괜찮아요. 대답을 마친 후에는 예시 답변과 비교해 보세요. 아마 예시 답변보다 짧게 대답하신 것이 더 많을 거예요.

반복해서 들으면서 대답도 길게 하려고 노력하세요.

질문 1 킴은 어디에 살았나요?

질문 2 킴은 몇 살이었죠?

질문 3 킴은 똑똑한 학생이었나요?

질문 4 킴은 아무런 문제가 없었나요?

질문 5 킴은 영어 스피킹을 잘했나요?

질문 6 킴에게 영어 공부가 재미있었나요?

질문 7 킴은 어떤 결정을 내렸나요?

질문 8 킴은 문법을 좋아했나요?

질문 9 킴이 결심한 새로운 영어 공부 방법은 무엇이었나요?

질문 10 킴의 영어 실력은 향상되었나요?

예시 답변 1 He lived in Korea.

예시 답변 2 He was a 24 years old student.

예시 답변 3 Yes, he was smart.

예시 답변 4 No, he had a problem.

예시 답변 5 No, he had trouble talking to people in English.

예시 답변 6 No, it was boring.

예시 답변 7 He decided to study English in a more interesting way.

예시 답변 8 No, he hated grammar rules.

예시 답변 9 He decided to watch movies.

예시 답변 10 Yes, his English skills improved.

▶ 영어 질문들을 듣고 영어로 대답하기

영어 질문은 개수가 더 많습니다. 스토리의 문장 하나당 비슷비슷한 2~3개의 질문이 세트를 이루어 모두 10세트의 질문입니다. 이렇게 하는 이유는, 온전한 문장 구조를 입에 익히기 위해서입니다.

질문 중에는 스토리에 대해 틀린 정보를 묻는 것도 있습니다. 당황하지 말고 대답하시면 됩니다. 주어를 바꾼다든가 부정어not를 넣는 등, 문장을 변형하는 훈련을 하기 위한 것입니다.

질문에 따라 주어, 동사, 목적어 등을 적절하게 넣어 온전한 문장으로 대답하세요. 대답을 마친 후에는 예시 답변과 비교해 보세요.

이번에도 역시 반복해서 들으면서 예시 답변만큼 온전한 문장으로 대답하도록 노력하세요.

질문 1 Did Sam live in Korea?

Did Kim live in San Francisco?

Did Kim live in Korea?

질문 2 Was Michael an 26 years old ?

Was Kim an 30 years old ?

Was Kim an 24 years old ?

질문 3 Was Yoon a very smart student?

Was Kim a bad student?

Was Kim a smart student?

질문 4 Did Kim have a headache?

Did Kim have an issue?

질문 5 Did Kim's brother Mark speak English?

Did Kim read English well?

Did Kim speak Spanish?

질문 6 Did Kim's sister study English by memorizing grammar rules?

Did Kim study Japanese by memorizing grammar rules?

Did Kim study English by memorizing grammar rules?

질문 7 Did Kim decide to stop studying English?

Did Kim decide to study Science?

Did Kim decide to study English in an interesting way?

질문 8 Did Kim enjoy studying English grammar rules?

Did Kim like memorizing English sentences?

질문 9 Did Kim decide to study English with books?

Did Kim start watching Korean dramas?

Did Kim start watching movies and the news?

질문 10 Did Kim's English skills become worse?

Did his father Tom's English skills improve?

Did Kim's Spanish skills improve?

예시 답변 1 No, Sam did not live in Korea.

No, Kim did not live in San Francisco.

Yes, Kim lived in Korea.

예시 답변 2 No, Michael was not 26 years old.

No, he was not 36 years old.

Yes, he was an 24 years old.

예시 답변 3 No, Yoon was not a very smart student.

No, he was not a bad student.

Yes, he was a smart student.

예시 답변 4 No, he did not have a headache.

Yes, he had a problem.

예시 답변 5 No, his brother Mark did not speak English.

No, he did not speak Spanish.

No, he did not speak good English.

예시 답변 6 No, his sister did not study English by memorizing grammar rules.

No, he did not study Japanese by memorizing grammar rules.

Yes, he studied English by memorizing grammar rules.

예시 답변 7 No, he did not decide to stop studying English.

No, he did not decide to study Science.

Yes, he decided to study English in an interesting way.

예시 답변 8 No, he did not enjoy studying English grammar rules.

No, he did not like memorizing English sentences.

예시 답변 9 No, he did not decide to study English with books.

No, he did not start watching Korean dramas.

Yes, he started watching movies and the news.

예시 답변 10 No, his English skills did not become worse.

No, it was not his father Tom.

No, his Spanish skills did not improve.

더 많은 스토리가 필요하신가요?
아래의 QR코드를 스캔하거나 제가 운영하는 사이트
'코어 잉글리쉬'(coresoundenglish.com)로 접속해 보세요.
➜

영화 씹어먹기에 도움을 주는
어학용 동영상 플레이어

▶ 대사별 자동 반복 기능이 있는 것으로

영화 씹어먹기는 대사 하나하나를 일일이 반복하는 것이 필수입니다. 그래서 일반 동영상 플레이어로 영화를 보면 자꾸 되돌리기를 해야 하는데, 다소 번거로운 일이죠.

그래서 저는 번거로움을 덜기 위해 어학용 동영상 플레이어를 구입했습니다. 그런데 어떤 영화든 자동으로 대사별 자동 반복을 가능하게 해 주는 동영상 플레이어는 제가 알기로는 아직 없습니다. 시중에 나와 있는 어학용 동영상 플레이어에는 그 플레이어에서만 재생이 가능한 영화 CD들이 포함되어 있습니다. 그러면 아무래도 그 프로그램에 포함된 영화 CD들 중에서 골라서 보아야 하는 겁니다.

너무 걱정하지는 마세요. 이런 종류의 영화들은 많은 사람들이 선호하는 대중적인 영화이기 마련이니까요. 그중에서 아무거나 골라도 된다고 장담할 수는 없지만 그중에 분명히 여러분이 좋아할 만한 영화가 있을 거라고 장담할 수는 있습니다.

영화 씹어먹기를 해서 영어 귀가 트이고 나면 처음 보는 영화도 자막 없이 알아듣는 기쁨을 누리실 수 있어요. 그때가 되면 동영상 플레이어가 무엇이건 전혀 신경 쓰지 않으셔도 되겠죠.

▶ 추천할 만한 어학용 동영상 플레이어

어학용 동영상 플레이어는 시중에 다양한 프로그램이 있습니다. 이 리스트는 제가 추천하는 것이니 참고하세요.

미디어 잉글리쉬 프로

제가 구입해서 사용했던 동영상 플레이어입니다. 영화CD가 하나만 있는 것을 구입할 수도 있고 여러 개가 세트로 구성되어 있는 것을 구입할 수도 있습니다. 하나만 있는 것의 가격은 약 2만 원입니다.

무비랑

미디어 잉글리쉬 프로와 비슷합니다. 하나만 있는 것의 가격은 1~2만 원입니다. 대본집(스크립트북)이 세트로 구성되어 있는 경우가 많습니다. 영화 씹어먹기에서는 대본집이 꼭 필요하지는 않으므로 개인적 선호에 따라 판단하세요.

리핏

리핏은 무료 어플입니다. 휴대폰과 pc에서 모두 사용하실 수 있습니다. pc에서 사용할 때의 주소는 lipeat.io입니다. 리핏에서는 자신이 직접 영화 파일을 올려서 한글 자막, 영어 자막을 넣는 것이 가능합니다. 이렇게 하고 나면 대사별로 무한 반복 기능을 이용할 수 있죠. 하지만 공부하기만도 바쁜 여러분이 이런 작업을 하기는 무리겠죠. 리핏에서 '코어소리영어'를 클릭하시면 제가 올려놓은 몇 가지 짧은 영화 장면들을 가지고 영화 씹어먹기를 해 보실 수 있습니다.

내가 씹어먹은
영화들

▶ 라푼젤 Tangled

장점 : 문장이 풍부하고 다양한 어휘가 등장합니다. 스토리가 탄탄해서
　　　보는 재미가 있습니다.

단점 : 주인공이 워낙 발랄한 성격이다 보니 말이 좀 빠르다 싶을 때가 있
　　　더군요.

▶ 미운 오리 새끼와 랫소의 모험 The Ugly Duckling and Me!

장점 : 문장이 간결하고 단어의 난이도가 높지 않습니다. 줄거리가 복잡
　　　하지 않아서 이해하기 편합니다.

단점 : 반대로 문장이 너무 짧고 단어 수준이 너무 낮게 느껴질 수도 있
　　　어요. 줄거리도 뻔하게 흘러간다고 느낄 수도 있고요.

▶ 슈퍼배드 Despicable Me

장점 : 애니메이션치고는 난이도가 다소 높은 긴 문장이 자주 나오고 그
　　　만큼 어휘도 다양합니다. 성인들이 보아도 좋을 정도로 내용이 많
　　　이 유치하지 않아요.

단점 : 애니메이션치고도 난이도가 좀 있으니 처음 하는 분들에게는 적
　　　당하지 않을 수 있습니다. 등장인물 중 아이들의 발음은 명확하지

않을 때도 있고요.

▶ 타이타닉 Titanic

장점 : 길이가 세 시간이 넘을 정도로 길어서 그만큼 문장과 단어가 많이
등장합니다. 세계적 히트작으로, 누구나 재미있게 볼 수 있는 내용
입니다.

단점 : 길이가 길어서 사람에 따라 다소 지칠 수도 있습니다.

▶ 어거스트 러쉬 August Rush

장점 : 흑인 억양, 영국 억양 등 다양한 영어를 만날 수 있습니다. 탄탄한
스토리라인에다 노래가 많이 나와서 보는 재미가 있습니다.

단점 : 음악이 많은 만큼 대사는 좀 적은 감이 있습니다. 단어도 한정적이
고요.

4

당신이 영어를 못하는 진짜 이유

일단
문법을
익혀야 한다?

지금까지 제가 어떻게 영어를 정복하게 되었는지에 대해, 그리고 그 비결인 영화 한 편 씹어먹기 방법에 대해 소개해 드렸습니다. 'Wait a second' 뜻도 모르던 제가 원어민처럼 말할 수 있게 된 비법이니 누구든 무조건 따라 하실 수 있습니다.

그런데 이런 비결을 두고도 왜 우리는 돌고 돌아 힘들게 영어를 배우고 있는 것일까요? 우리가 영어를 못하는 진짜 이유, 저는 이렇게 생각합니다.

그 첫 번째는 영문법입니다.

⌇ 문법도 체화가 필요하다

한국 사람들의 영어 공부는 대개 문법 공부부터 시작되기 마련입니다. 일단 학교의 영어 시간 자체가 문법 공부 위주로 짜여 있으니까요.

문법의 사전적 정의는 이렇습니다.

같은 언어를 사용하는 사람들끼리 언어를 사용하는 데 필요한 모든 규칙과 정보를 모아 놓은 것

그렇습니다. 문법은 언어를 사용하는 데 필요한 규칙이죠. 문법이 없는 영어는 존재할 수 없습니다.

문법은 일종의 게임의 규칙과도 비슷합니다. 여러분이 친구들 몇 명과 함께 어떤 게임을 한다고 상상해 보세요. 게임에는 규칙이 있기 마련이에요. 여러분과 친구들은 그 게임의 규칙을 잘 알고 있어야 하고 또 그 규칙을 잘 지켜야 합니다. 만약 규칙을 제대로 모른다거나 제멋대로 어긴다면 그 게임은 제대로 진행되지 않을 겁니다.

이렇게 보면 영어에서 문법은 무엇보다 중요한 것 같습니다. 영어 수업에서 문법을 가장 먼저 배우는 것도 이러한 이유 때문이겠죠. 그럼에도 불구하고 저는 문법 위주의 교육이 영어 교육의 '적폐'

라고 생각합니다. 문법 위주의 영어 공부가 이 땅에서 사라져야 한국 사람들이 영어를 잘하게 될 수 있다는 것이 제 주장입니다.

문법이 중요하다더니, 이제는 문법 공부가 사라져야 한다고 하니 앞뒤가 안 맞는 말로 들리실 거예요. 지금 이 글을 읽고 있는 독자 분들의 황당해하는 표정이 눈에 선합니다.

그 이유는 이렇습니다. 문법은 자연스럽게 습득되도록 해야지 구구절절 밑줄 그어 가며 암기하는 식으로 익혀서는 안 됩니다. 이것은 제가 몸소 체험해서 얻은 결론입니다.

저 역시 학교를 다닐 때 문법 위주의 영어 교육을 받았습니다. 저는 단 한 번도 영어 수업에서 좋은 점수를 받은 적이 없습니다. 현재완료형은 어떻고 과거완료형은 어떻고, to부정사는 어떻고 동명사는 어떻고…… 영어 담당 선생님들이 설명해 주시는 문법은 무슨 외계어 같기만 하고 너무도 지루하기 짝이 없었습니다. 도저히 집중할 수 없었어요. 마음속 깊이 영어 수업을 증오하기까지 했습니다.

물론 저와 같은 영어 수업을 들으며 높은 점수를 받던 친구들도 있었습니다. 당연히 그 친구들은 영어 문법을 줄줄 꿰었겠죠. 그런데 그 친구들은 영어를 자유롭게 듣고 말할 수 있었을까요? 전혀 그렇지 않았습니다. 학교 다닐 때 영어 성적이 좋았던 독자 분들 대부분이 동의하실 겁니다.

하지만 학교를 자퇴한 후 집에서 혼자 영화 씹어먹기를 하면서 저는 영어를 자유롭게 듣고 말하게 되었습니다. 문법을 전혀 모르고서도 영어를 잘하게 된 것일까요? 아니요. 문법을 자연스럽게 습득했기에 영어를 잘하게 된 것입니다. 영어 성적이 좋았던 친구들은 문법을 완전히 깨치지 못해서 영어를 잘하지 못했을까요? 아니요. 그렇지 않습니다. 문법을 암기식으로 습득했기에 영어를 잘하지 못하게 된 것입니다.

한국어를 어떻게 배웠는가

우리는 한국어를 자유자재로 듣고 말할 수 있습니다. 그때그때 상황에 맞추어 곧바로 문장을 만들어 냅니다. 영어에 문법이 있듯이 한국어에도 당연히 문법이 있습니다. 우리가 이렇게 한국어에 능통하다는 것은 곧 우리가 한국어 문법을 완벽하게 알고 있다는 증거입니다.

그렇다면 우리가 아주 어릴 적 맨 처음에 한국어를 어떻게 배웠는지 생각해 봅시다. 영어 문법을 공부하듯이 한국어 문법을 공부했던가요? 독자 분들 중 그렇게 해서 한국어에 능통하게 된 사람은 단 한 명도 없을 거라고 장담합니다. 우리는 한국어를 많이 들어 보고 직접 말해 보면서 익혔습니다. 그러면서 한국어 문법을 자연스럽게 습득했습니다.

다음은 외국인을 대상으로 하는 한국어 시험 문제들입니다. 괄호 안에 어떤 말이 들어가야 올바른 문장이 되는지 답을 골라 봅시다.

한국어 시험

문제1) 동생__ 잡니다.

① 이   ② 을   ③ 의   ④ 에서

문제2) 사과가 비싸요. 그래서 하나__ 샀어요.

① 에   ② 로   ③ 의   ④ 만

문제3) 저는 겨울을 여름__ 좋아해요.

① 밖에   ② 에게   ③ 보다   ④ 한테서

답을 고르셨나요?

정답은 ①, ④, ③입니다. 한국 사람이라면 몇 초 만에 뚝딱 문제를 풀었을 겁니다.

그런데 이것이 왜 정답인지 여러분은 설명하실 수 있나요? 한국어 문법에서 왜 '동생을 잡니다'는 틀리고 '동생이 잡니다'는 맞는지, 왜 '하나에 샀어요'는 틀리고 '하나만 샀어요'는 맞는지 설명할 수 있으신가요? 국어학 전공자가 아닌 다음에야 대개는 제대로 설명하지 못하고 이렇게 얼버무릴걸요.

"어, 그냥…… 그게 더 자연스러우니까요."

지금까지 우리는 언어가 어떤 종류의 게임인지 잘못 알고 있었던 것이 아닐까요? 어떤 게임은 규칙이 무척 단순해서 설명서 몇 줄만 읽으면 단박에 규칙을 파악할 수 있습니다. 그런가 하면 어떤 게임은 규칙이 꽤나 복잡해서 설명서가 열 몇 장에 이르기도 하지만 게임에 직접 참여해서 부딪혀 보면 어느새 규칙을 이해할 수 있습니다. 언어는 이 둘 중에서 후자의 게임인 셈입니다. 영어도 예외가 아니죠.

영어 문법에 대한 지금까지의 고정관념을 깨 버려야 합니다. 문법부터 시작해야 영어를 잘할 수 있는 것이 아니에요. 문법부터 시작하기 때문에 오랜 시간을 투자해도 영어를 잘할 수가 없는 것입니다.

단어를
많이 외워야 한다?

　한국 사람들이 영어 공부를 할 때 문법 암기 못지않게 열심히 하는 것. 바로 단어 암기죠.

　단어 역시 영어에서 중요한 부분입니다. 어떤 문장이든 여러 단어가 모여 이루어지는 법이기 때문입니다. 그래서 학교에 다닐 때는 교과서에 있는 영어 단어와 수능 지문에 나올 법한 영어 단어를 암기하고, 성인이 되어서는 토익·토플 대비용 영어 단어, 비즈니스용 영어 단어, 여행용 영어 단어를 암기합니다. 시중에는 다양한 종류의 영어 단어집이 나와 있습니다. 책마다 적게는 수백 단어에서 많게는 수천 단어씩 들어 있습니다. 따로 자신만의 단어장을 만들기도 합니다.

단어는 정말 암기만이 답일까요?

🐾 시간 낭비는 이제 그만

단어를 암기하면 실제로 영어 실력이 향상되긴 합니다. 문장의 뜻을 이해하려면 그 문장을 이루는 단어들 각각의 뜻을 알고 있어야 하니까요. 제가 고등학교 때 second라는 단어의 뜻을 제대로 암기했더라면 'Wait a second'를 '기다려, 하나 둘'로 해석하는 굴욕만큼은 피할 수 있었겠죠.

하지만 저는 현재와 같은 방식의 문법 공부에 반대했듯이, 현재와 같은 방식의 단어 공부에도 반대합니다. 당장 영어 시험 몇 문제는 더 맞힐 수 있겠지만 영어 듣기와 말하기에는 거의 도움이 되지 않기 때문입니다. 제가 second의 뜻을 제대로 암기했다 하더라도 실제로 원어민을 만났을 때 자연스럽게 'Wait a second'를 말하지는 못했을 것이 뻔합니다.

영어 단어를 암기할 때는 다양한 방법이 동원됩니다. 차별이라는 뜻의 discrimination이라는 단어를 암기한다고 가정해 봅시다. discrimination을 반복해서 보는 방식으로 외우기도 하고, 반복해서 쓰는 방식으로 외우기도 합니다. 혼잣말로 되뇌며 외우기도 합니다. discrimination의 어원인 dis^apart와 crimin^separate을 찾아 외우기도 합니다. 이 책을 읽는 독자 분들도 영어 단어를 암기할 때 이 방법들을 이용하셨을 거예요.

그런데 문제는 하나의 영어 단어가 여러 개의 뜻이 있는 경우가 너무 많다는 사실입니다. 영어 사전에서 discrimination을 찾아보면 '차별'은 맨 처음 나와 있는 뜻이고, 그 외에 '안목', '식별력'이란 뜻도 있음을 알 수 있습니다.

discrimination 정도면 약과예요. play라는 단어를 볼까요. 동사만 17개의 뜻이 있고 명사까지 합하면 24개나 됩니다.

I want someone to play with.
나는 같이 놀 사람을 원한다. → [동사] 놀다

Don't play him.
그를 속이지 마라. → [동사] 속이다

I play basketball.
나는 농구를 한다. → [동사] 경기를 하다

이 밖에도 play라는 단어에는 '스치다', '내뿜다', '다루다', '~한 역할을 하다', '공연되다', '~인 척하다', '연기하다' 등의 의미가 있습니다.

take라는 단어는 play보다 더해요. 무려 45개의 뜻이 있거든요.

I will take the blue jean.
나는 청바지를 선택하겠다. → [동사] 선택하다.

I can't take criticism.
나는 비난을 참을 수가 없다. → [동사] 참다

I took it as a yes.
나는 그것을 동의의 의미로 받아들였다. → [동사] 받아들이다

We took control of the company.
우리는 그 회사에 대한 관리권을 장악했다. → [동사] 장악하다

play나 take가 좀 특별한 경우가 아니냐고요? 그렇지 않습니다. 자주 쓰이는 많은 영어 단어들은 대개 이런 식으로 여러 개의 뜻을 동시에 가지고 있죠. go는 39개, have는 34개, make는 20개, see는

19개, know는 11개, get은 27개, break는 33개, catch는 26개, fall은 21개······.

이렇게 같은 단어라도 앞뒤 단어, 앞뒤 문맥에 따라 뜻이 달라집니다. 기계적으로 뜻을 대입했다가는 문장을 엉뚱하게 이해하기 십상이에요.

아무리 암기력이 좋은 사람이라도 이토록 다양한 뜻을 전부 외울 수 있을까요? 거의 불가능하지 않을까요? 단어 암기만 하다가 시간이 다 갈 수도 있습니다.

혹여 전부 외우는 데 성공했다 하더라도 실제 상황에서 그때그때에 맞추어 단어의 뜻을 제대로 파악한다거나 적절한 단어를 말할 수 있을까요? 이것은 더더욱 불가능합니다. 단순한 암기로는 단어를 체화해서 받아들일 수 없기 때문이에요.

고교 필수 단어 중 하나인 achievement로 예를 들어 보겠습니다. achievement의 뜻은 '성취'입니다. 우리는 한국어 단어 '성취'를 볼 때 성취라는 행위와 연관된 이미지들을 떠올리죠. 2002년 월드컵에서 4강에 진출했던 축구 대표팀같이 다수가 공유하는 이미지일 수도 있고, 자신이 좋은 성적을 올렸을 때 기뻐했던 부모님같이 개인적 기억 속의 이미지일 수도 있죠. 하지만 영어 단어 achievement를 볼 때는 어떤가요. 그냥 단순 암기했던 '성취'라는 한국어 뜻만 떠오를 뿐입니다.

하지만 저는 영어 단어를 볼 때 암기했던 한국어 뜻이 떠오르지 않아요. 애초에 그런 식으로 영어 단어를 외운 적이 없으니까요.

저는 영어 문법을 따로 암기하지 않고 영화를 보며 자연스럽게 습득했는데요, 영어 단어도 마찬가지였습니다. 영화 한 편에 보통 1000문장 가까이 들어가기 때문에 수천 단어를 익힐 수 있었습니다. 영화 속 장면을 보며 단어를 익히다 보니 단어의 적절한 쓰임도 알 수 있었고요.

단어, 물론 중요하죠. 많이 알면 알수록 좋습니다. 하지만 그것이 곧 단어만 줄줄이 적어 놓고 따로 암기해야 한다는 것을 의미하지 않아요. 시간 낭비는 이제 그만해야 합니다.

영어 어순을
익혀야 한다?

한국 사람들을 왜 이토록 영어 공부에 애를 먹을까요? 학생이
건 강사건 원어민이건 할 것 없이 동일하게 지적하는 원인이 있습
니다. 한국어는 영어와 어순이 다르기 때문이라는 것입니다.

어순의 사전적 정의를 찾아봅시다.

문장 성분의 배열에 나타나는 일정한 순서

한국어는 주어-목적어-동사의 어순인 데 비해, 영어는 주어-
동사-목적어의 어순입니다. 그래서 한국어에서는 '나는 농구를 한
다'라고 하고, 영어에서는 I play basketball, 즉 '나는 한다 농구를'

이라고 하죠.

영어를 잘하고자 한다면 영어의 어순을 잘 알아야 하는 것은 당연한 일입니다. 한국어의 어순대로 'I basketball play'라고 말하면 원어민은 무슨 말인지 몰라 고개를 갸웃할 거예요.

어순이 다르다는 것은 큰 차이점입니다. 하지만 그렇다고 해서 그것이 과연 결정적인 장벽일까요?

💀 어순이라는 아마추어

어순 때문에 영어를 배우기 힘들다고 믿는 많은 분들에게 소개해 드리고 싶은 나라가 있습니다. 바로 핀란드입니다.

핀란드는 북유럽에 위치한 나라죠. 그런데 핀란드어는 유럽어가 아닌 우랄어로, 독특한 어순을 가지고 있습니다. 영어, 프랑스, 독일어 등으로 대표되는 유럽어는 철저하게 주어-동사-목적어의 어순인데, 핀란드어는 어순이 상당히 자유로운 편입니다. 어떤 경우에는 주어-동사-목적어의 어순이지만, 또 어떤 경우에는 한국어나 일본어처럼 주어-목적어-동사의 어순을 이용하기도 합니다.

그럼에도 핀란드는 유럽에서도 영어를 가장 잘하는 나라 중 하나로 꼽힙니다. 평범한 동네 빵집 아저씨도 영어를 유창하게 말한다고 할 정도죠.

핀란드는 어떻게 그렇게 되었을까요? 평소에 영어를 자주 듣다 보니 영어의 어순도 자연스럽게 익힌 것입니다. 핀란드에는 더빙되지 않은 채 자막만 달아 놓은 영어 드라마와 영화가 자주 방영되기 때문에 핀란드 아이들은 아주 어릴 때부터 영어 소리에 자주 노출된다고 합니다. 학교의 영어 수업 시간에도 먼저 듣기와 말하기에 집중합니다. 그런 다음에야 읽기와 쓰기를 배웁니다.

그런데 사실 알고 보면 한국 사람인 우리도 영어 어순에 어느 정도는 익숙해져 있습니다. 아래의 한국어 문장이 영어로는 무엇인지 말해 보세요.

나는 너를 사랑해.

어떤 영어 문장을 말씀하셨나요? 1초도 망설이지 않고 I love you라고 말씀하셨죠? 평소 영어가 너무 안 된다고 괴로워하던 분들조차도 말이에요.

그런데 혹시 I love you라고 말할 때 머릿속으로 어순에 대해 따져 보셨던가요? '영어에서는 목적어보다 동사가 먼저 나오니까 I you love가 아니라 I love you라고 해야지'라고 생각하셨던가요? 아닐걸요.

어떻게 그럴 수가 있었을까요? 이유는 하나입니다. 그동안 우리가 I love you라는 문장을 자주 들었기 때문입니다. 드라마에서, 영화에서, 광고에서, 노래 가사에서……. 심지어 I love you라고 말하는 인형도 많습니다. 그만큼 자주 듣다 보니 그 문장이 익숙해진 것이죠. 일단 익숙해지고 나니까 어순은 전혀 문제 되지 않았습니다.

같은 원리입니다. 다른 영어 문장도 자주 접하면, 그래서 익숙해지면 잘 들을 수 있고 잘 말할 수 있게 됩니다. 제가 영화 씹어먹기를 통해 영어를 정복한 것이 바로 이 원리죠.

영어 어순은 무슨 대단한 장벽이 아닙니다. 어순 역시 영어 문법의 일부분입니다. 다시 한 번, 우리가 한국어를 어떻게 배웠는지 떠올려 봅시다. 우리는 한국어를 많이 들어 보고 직접 말해 보면서 익혔습니다. 그러면서 한국어 어순도 자연스럽게 습득했습니다. 한국어 어순을 따로 공부한 적은 한 번도 없었잖아요.

위기에 빠진 세계적 기업 닛산을 재건한 CEO 카를로스 곤은 이런 말을 했습니다.

"프로는 모든 문제를 단순하고 명쾌하게 처리한다. 아마추어가 그것을 복잡하게 만들 뿐이다."

어순은 간단하게 해결될 수 있는 문제입니다. 어순이 복잡한 문제로 보인다면 의심해 보세요. 혹시 어떤 아마추어가 당신의 눈을 가리고 있는 것은 아닌지.

영어 환경에
노출되어야 한다?

    미국 이민 세관 단속국^{ICE, U.S. Immigration and Customs Enforcement}에 따르면, 2015년을 기준으로 미국 내 한국 유학생 수는 8만 1천 명으로 전체 유학생의 7퍼센트를 기록했습니다. 이는 중국 유학생과 인도 유학생에 이어 3위에 해당한다더군요. 중국과 인도는 각각 인구가 10억 명이 훌쩍 넘는 나라들이잖아요. 그에 비해 한국의 인구는 고작 5천만 명이고요. 이 사실을 감안하면 얼마나 많은 한국 사람들이 미국으로 유학을 가고 있는지 알 수 있습니다. 이 중 상당수는 오로지 영어만을 목적으로 한 어학연수일 겁니다.

🚪 내 방을 ESL 환경으로

이 수치는 미국만을 대상으로 한 통계입니다. 미국 외에 영국, 캐나다, 호주 등으로 어학연수를 가는 한국 사람들까지 더하면 그 수는 더욱 늘어나겠죠. 저 역시 필리핀으로 어학연수를 가서 그 대열에 합류한 경험이 있습니다.

이렇게 영어 실력을 늘리려 굳이 힘들게 나라 밖까지 나가는 이유는 한국에서는 EFL 환경에 있기 때문입니다. English as a Foreign Language, 즉 영어를 외국어로서만 제한적으로 사용하는 환경이라 영어에 충분히 노출되기 힘들다는 이유입니다. 그래서 English as a Second Language, 즉 영어를 제2언어로서 일상적으로 사용하는 ESL 환경 속으로 들어가기 위해 외국에 가는 것입니다. 아무래도 평소 영어에 둘러싸여 있고 영어를 자주 쓰면 영어 실력이 늘지 않을까 하는 나름 논리적인 판단입니다.

하지만 막상 외국에서의 현실은 어떨까요? 일반적인 기대와는 전혀 다른 현실이 펼쳐집니다.

얼마 전 저는 영어 토론 동영상 강의를 찍기 위해서 한국에 사는 한 원어민 강사를 섭외했습니다. 그는 한국에서 영어를 가르친 지 8년이나 되었다고 했습니다. 만나 보니 매운 한국 음식도 굉장히 잘 먹더라고요. 이런 사람이라면 한국에 대해서 어떤 주제로라도 토론을 나눌 수 있겠다 싶었습니다.

그런데 카메라를 켜고 촬영을 시작하고서야 깨달았습니다. 그는 한국 음식을 즐겨 먹고 간단한 한국어 인사말을 할 줄 안다는 점을 제외하고는 한국에 대해 아는 것이 거의 없지 뭡니까. 한국의 역사도 모르고, 한국의 문화도 모르고, 한국 사람들이 무엇에 관심 있고 무엇을 싫어하는지도 몰랐습니다. 결국 촬영은 무산되었습니다.

처음에는 이해가 안 갔어요. 8년이나 한국에 살면서 저렇게나 한국에 대해 모르다니요. 그러다 다시 생각해 보니, 얼마든지 가능한 일이었습니다. 그는 직장에서도 영어로 이야기했고, 한국 사람을 만나더라도 영어가 통하는 사람만 만났고, TV를 보더라도 영어권 국가에서 제작된 프로그램만 보았을 겁니다. 그러면서 딱히 한국에 대해 알 필요도, 한국어를 말할 필요도 못 느꼈을 테죠.

이와 비슷한 상황이 외국에 나간 한국 사람들에게도 펼쳐집니다. 저는 미국에서 공부하는 동안 ESL 환경을 기대하고 미국에 온 한국 사람들을 참 많이도 만났습니다. 하지만 ESL 환경은커녕, 어학원 수업을 제외하고는 한국 친구들끼리 어울려 다닌다든가 하숙집에서 한국 드라마나 예능 프로그램을 보는 데 시간을 보내는 경우가 많았습니다. 그들이 지불한 비용은 최소 수천만 원이었건만 대다수는 영어 실력을 그다지 향상시키지 못했습니다.

세계화된 시대잖아요. 외국 어디든 한국 사람이 없는 곳이 없습니다. 미국, 영국같이 어학연수로 각광받는 지역에는 더 많은 한국 사람이 몰립니다. 또 외국 어디든 클릭 몇 번이면 한국의 대중문화를 쉽게 접할 수 있습니다. 영어를 거의 쓰지 않아도, 하루 종일 한국어만 써도 충분히 생활할 수 있는 겁니다.

어학원에서는 어떨까요. 제가 미국에서 만난 한국 사람들 중에는 마음을 굳게 먹고 어학원 수업에 열심히 임하는 경우도 있었습니다. 하지만 어학원 강사들이 말하는 영어는 일상에서의 영어가 아니라 외국인 학생용 영어일 뿐입니다.

한국에 있는 어학원의 원어민 수업을 들어 본 독자 분들은 이런 경험을 해 보셨을 거예요. 원어민 강사가 수업에서 하는 말은 알아들을 수 있는데 원어민 강사들끼리 나누는 말은 도저히 알아들을 수 없는 경험. 그들이 수업에서는 신경 써서 천천히 또박또박 말하기 때문입니다. 외국에 있는 어학원에서도 마찬가지예요.

어학원 친구들과 영어로 이야기한다 해도 다들 영어 실력이 거기서 거기인 동양 학생들, 중동 학생들, 남미 학생들이기 마련입니다. 어설픈 영어만 구사해도 대충 대화가 통하죠. 현지의 일반 시민을 대상으로 영어를 연습할 기회를 갖기는 힘듭니다. 어쩌다 음식점에서 무언가를 주문할 때가 고작입니다.

그런데 반대로 생각해 보면, 세계화 시대이기 때문에 한국에서 스스로 ESL 환경을 만드는 것도 얼마든지 가능합니다. 비용도 얼마 들지 않고요.

저는 영화를 봄으로써 제 방 안을 완벽하게 ESL 환경으로 만들었습니다. 필리핀에서 어학연수를 하고 미국에서 대학을 다녔지만 제 영어 실력의 8할은 한국의 제 방 안에서 키웠습니다.

꼭 원어민과 대화를 나누고 싶다 하더라도 한국에서 충분히 가능합니다. 전화 영어를 이용할 수도 있고 화상 영어를 이용할 수도 있습니다. 좀 더 여유가 있으면 원어민을 개인 과외 교사로 고용할 수도 있어요. 하루 종일 1대 1 과외를 받아도 외국 어학연수에 들어가는 비용보다 훨씬 적은 돈이 듭니다.

영어 울렁증을
버려야 한다?

많은 사람들이 어학연수를 떠나면서 굳게 다짐합니다. 한국 사람들하고 어울려 다니지 말고 현지 사람들과 영어로 대화를 많이 해야지. 현지인 친구도 사귀어야지. 하지만 얼마 되지 않아 뜻대로 되지 않는 자신을 발견합니다. 그리고 자책합니다. 이게 다 내 영어 울렁증 때문이야.

정말로 영어 울렁증 때문일까요?

울렁증도 영어 듣기가 먼저다

미국에 머물 때의 일입니다. 하루는 하숙집 친구와 이야기를 하다가 주제가 한국 사람들의 영어 실력으로 흘러갔습니다. 한국 사람들이 유럽 사람들보다 영어를 못하는 이유에 대해 친구는 이렇게 분석하더군요.

"한국 사람들은 너무 부끄러움을 타는 것 같아. 부끄러워서 말을 많이 하지 않으니 영어가 잘 늘지 않을 수밖에 없지. 유럽 사람들을 봐. 틀린 표현이라도 부끄러워하지 않고 당당하게 말하잖아."

한국 사람들이 영어로 말하기를 두려워한다는 것은 한국 사람들 스스로도 인정하는 사실입니다. 영어 울렁증이라는 말도 그래서 생긴 것이죠. 그렇게 오랜 시간 동안 영어를 공부하고도, 심지어 영어권 국가에 살면서도 영어 울렁증에 시달리다니요.

부끄러워하지 말고 자꾸 영어로 말해야 한다는 것, 영어 울렁증을 버려야 한다는 것. 맞는 말로 들립니다. 무슨 일이든 간에 처음 할 때는 누구나 서툽니다. 실수를 저질러 가면서도 자꾸 해야 그 일에 익숙해집니다. 실수가 두렵다고 가만히 있으면 그 일을 영영 잘해 낼 수 없는 법이잖아요. 영어를 잘 못해도 자꾸 말해 버릇하면 잘못된 표현을 고치고 옳은 표현을 쓸 수 있게 됩니다.

미국에서 유럽 친구들을 만나 보니 확실히 한국 사람들보다는 활발하고 적극적인 면이 있긴 하더라고요. 서툰 영어라도 주저하지 않고 적극적으로 말하곤 했습니다. 하지만 그럼에도 한국 사람들은 영어 울렁증 때문에 영어가 늘지 않는다는 말에 저는 전혀 동의

하지 않습니다.

한국 사람들은 왜 영어로 말하기를 부끄러워하고 두려워할까요? 상대방의 영어가 들리지 않기 때문이죠. 상대방의 말을 알아들어야 무슨 말이라도 할 것 아닙니까. 알아듣지 못하는데 어떻게 말을 하고 대화를 나눌 수 있겠어요.

유럽 사람들이 영어 울렁증이 없는 원인도 타고난 성격보다는 언어의 특성에 있습니다. 프랑스어, 독일어, 이탈리아어 등은 영어와 마찬가지로 유럽어에 속하기 때문에 발성, 강세, 리듬 등 소리의 특성 면에서 공통점이 많습니다. 그래서 한국 사람들보다 영어 듣기가 더 잘되는 것입니다.

한국 사람들이 그렇게 소심하기만 한 것은 절대 아닙니다. 상대방의 영어를 알아듣기만 한다면 짧은 영어 문장으로라도 기꺼이 대답할 사람들이 대부분이에요. 이 책을 읽는 독자 분들도 그럴 거예요. 그런데 그러지를 못하니 영어 울렁증으로 오해를 받을 수밖에요.

제가 미국에서 만난 한국인 유학생들 중 어떤 친구는 원어민처럼 발음하는 게 중요하다며 발음 연습에 매진했습니다. 또 어떤 친구는 반기문처럼 발음은 안 좋아도 유창하게 말하는 것이 중요하다며 말하기 연습에 집중했습니다. 다 필요 없고 영어는 읽고 쓸 수만 있으면 된다며 라이팅 수업만 열심히 듣는 친구도 있었습니다.

그런 모습들을 보며 안타까웠어요. 영어를 잘하기 위한 가장 본질적인 요소는 듣기 훈련이건만. 그런 본질은 채우지 않으면서 그럴듯한 포장지에만 관심을 가지고 있으니 말입니다.

등 어느 UCLA 졸업생

미국에 있는 동안 저는 필리핀에서 친하게 지냈던 형의 권유로 영어 동영상 강의를 시작했습니다. 관심 갖는 사람들이 조금씩 늘어나면서 카카오톡을 통해 영어 과외 요청도 들어오기 시작했어요. 그런데 뜻밖에도, 과외를 요청하는 사람들의 90퍼센트가 미국에 이미 살고 있더라고요. 그중 한 분은 미국에 온 지 9년차이고 명문 UCLA를 졸업한 분이었습니다. 꼭 직접 통화를 하고 싶다고 해서 전화로 이야기해 보니 사연이 참 딱했죠.

"아직까지도 영어가 잘 들리지 않아요. 말도 금방 안 나오고요."

"네? 그런데 어떻게 그런 명문대를 졸업하셨어요?"

"읽기와 쓰기는 그럭저럭해서 에세이를 쓰는 데는 큰 지장이 없었어요. 그래서 토론이 포함된 수업은 철저히 피해서 시간표를 짰지요."

"아, 그렇군요. 답답하셨겠어요."

"제가 영어를 못해서 과외까지 받는다는 사실이 들통나면 부모님에게 맞아 죽을지도 몰라요. 그래도 얼마나 답답하면 제가 이렇게까지 하겠습니까. 한번은 웬 미국인이 저를 조롱하는 말을 하는데 그 순간에 무슨 말인지 바로 알아듣지 못해서 멍하니 있었지 뭡니까. 정말, 너무 슬펐습니다."

저는 제게 과외를 받는 분들에게 무조건 영어 듣기부터 가르쳤습니다. 영어 듣기가 잘될수록 그분들은 원어민들 앞에서도 당당해졌습니다. 그 UCLA 졸업생도 그제야 원어민과의 대화를 즐기게 되었죠.

영어를 알아듣지도 못하는 한국 사람과 대화하는 수고를 기꺼이 감내하고, 나아가 친구까지 되어 줄 원어민은 거의 없습니다. 노력이나 의지의 문제가 아닙니다. 성격이나 영어 울렁증의 문제는 더더욱 아닙니다. 영어 공부 방법과 순서의 문제일 뿐입니다.

무작정
계속 듣다 보면
된다?

　영어를 자꾸 들으면 영어 듣기가 된다고 주장하는 사람들이 있습니다. 영어 드라마든 영어 뉴스든 영어를 듣고 또 듣다 보면 귀가 트인다는 것입니다. 여기서 핵심은 '무작정 계속 듣는다'는 점입니다.

　글쎄요. 저는 이런 주장을 접할 때마다 마치 이런 말을 듣는 듯해요. 한국에서 계속 헤엄치다 보면 미국에 닿을 수 있다.

　당연히 헤엄치고 또 헤엄치다 보면 언젠가 태평양을 건너 미국에 도착할 수 있겠죠. 하지만 그것이 현실적으로 가능하기나 한가요. 박태환 같은 수영 메달리스트조차도 고개를 저을걸요. 맨땅에 헤딩하기도 이보다는 훨씬 현실적일 수 있습니다.

뜻 영어 듣기 전략

물론 듣기만 계속해도 귀가 트이는 사람들이 있긴 합니다. 아기들이 그렇죠. 실제로 우리도 어릴 때 한국어를 듣다 보니 한국어에 귀가 트였잖아요. 청소년기부터 또는 그 이후에 영어를 접하기 시작했는데도 듣기만 계속 해서 귀가 트였다면 그 사람은 언어적 재능을 타고난 것입니다. 그런 경우는 무척 드뭅니다.

언어적 재능이 평범한 보통 사람들이 영어에 귀가 트이기 위해서는 무작정 계속 듣는 것으로는 안 됩니다. 제대로 된 전략을 짤 필요가 있어요.

영어 듣기는 소리 파악과 의미 파악으로 나눌 수 있습니다. 여기서 소리 파악이란 영어 소리를 제대로 인식하는 것을 가리킵니다. 의미 파악이란 인식한 소리에 담긴 뜻을 이해하는 것을 가리킵니다.

영어 듣기가 안 되는 것이 의미가 파악되지 않기 때문일까요? 이렇게 판단한 사람들은 문법이며 단어를 파고듭니다. 그런 사람들에게 〈라이온 킹〉, 〈슈렉〉, 〈겨울왕국〉 같은 널리 알려진 애니메이션의 자막이나 대본을 한번 죽 읽어 보라고 권하고 싶습니다.

자, 어떤가요. 고등학교를 졸업한 한국 사람이라면 이해할 수 있는 기본적 수준의 문법과 단어로 이루어져 있죠. 그런데 고등학교 졸업은 물론이고 대학교도 졸업하고 심지어 영문학을 전공한 사람들마저 자막 없이 이 애니메이션을 보라 하면 그 쉬운 문장들을 제대로 알아듣지 못합니다.

정말 문장이 복잡하고 단어가 까다로워서 듣기가 안 되는 경우도 있을 거예요. 의학이나 전쟁 같은 특수한 분야를 다루는 영화라든지 CNN 뉴스라면 그럴 수도 있습니다. 하지만 대부분이 쉬운 단어로 구성된 애니메이션조차 제대로 듣지 못하는 걸요.

결국 한국 사람들이 영어 듣기가 안 되는 이유는 소리에 있음이 분명합니다. 영어의 소리는 한국어의 소리와 다른 점이 많습니다. 우선 한국어에는 없는 L, R, TH, F, Z, V 등의 발음이 존재합니다. 흔히들 영어의 L 발음을 한국어의 ㄹ 발음으로, 영어의 TH 발음을 한국어의 ㅆ 발음이나 ㅌ 발음으로 이해합니다. 하지만 이는 한글을 편리하게 쓰기 위한 외래어 표기법인 것이지 소리 자체가 동일하다는 의미인 것은 아닙니다.

그런데도 한국 사람들은 자신에게 익숙한 한국어의 소리를 바탕으로 영어를 듣습니다. 그렇기에 영어가 잘 안 들리는 것은 물론이고 때로 엉뚱한 소리로 착각하기까지 합니다.

한때 브리트니 스피어스의 히트곡 〈Lucky〉의 앞부분이 '오랜만에 집에서 바나나 먹었다'라는 우스갯소리가 돌았습니다. 실제 가사는 'Early morning she wakes up knock knock knock on the door'입니다. 한번 실제로 들어 보세요. 진짜로 그렇게 들릴 거예요. 인간의 뇌는 익숙한 모국어의 소리에 맞추어 새로운 소리를 인식하기 때문에 이 현상이 일어납니다. 이러한 현상을 가리키는 몬더그린^{mondegreen}이라는 말도 있을 정도도 흔하고 자연스러운 현상이죠.

영어를 듣기만 하면 귀가 트인다는 말은 무척 솔깃합니다. 하지만 영어를 무작정 계속 듣는 것은 몬더그린 현상을 계속 반복하는 것에 그치기 십상입니다. 영어의 소리가 어떻게 다른지 구체적으로 알아 가면서 영어 듣기를 연습해야 합니다. 그게 처음에는 다소 번거롭더라도 제대로 확실히 귀를 트이게 하는 길입니다.

영어 발음을 알아야 한다?

그렇다면 영어 소리를 잘 듣기 위한 전략은 무엇일까요? 영어의 발음을 공부하는 것이 최고의 전략이라고 말하는 학원이나 강사들이 많습니다.

실제로 미국에서 저는 영어 발음에 대한 수업을 열심히 배웠다는 한국 사람들을 여럿 보았습니다. 수년씩이나 배웠다는 사람들도 있었어요. 그런데 정작 영어 듣기 실력은 그다지 뛰어나지 않았습니다. 다만 영어 말하기를 할 때 혀를 좀 더 굴린다는 정도가 차이 날 뿐이었습니다. 왜 이런 일이 벌어지는 것일까요?

⅗ 호흡과 발성

인간이 소리를 만드는 데 쓰는 여러 기관들은 무엇이며 또한 그 기관들의 특징은 무엇인지에 대해 알아봅시다. 그 기관은 총 세 개입니다. 호흡 기관, 발성 기관, 조음 기관.

호흡 기관은 인간이 소리를 만들 때 뱉는 숨의 양을 조절합니다. 적은 숨을 천천히 내뱉으면서 내는 소리와 많은 양의 숨을 짧게 내뱉으면서 내는 소리는 전혀 다르게 납니다. 이는 바로 호흡 기관의 사용법 차이에서 오는 것입니다.

발성 기관은 소리를 만들 때 성대가 조이는 정도를 조절합니다. 성대가 조여서 내는 소리와 성대가 어느 정도 열린 채 내는 소리는 다릅니다. 경기를 관람하며 악을 쓸 때 내는 소리는 성대가 강하게 조여 있는 상태입니다.

조음 기관은 입술, 이, 잇몸, 입천장, 혀, 턱 등입니다. 입을 벌리느냐 오므리느냐, 혀를 입천장에 대느냐 아랫니에 대느냐 등 굉장히 다양한 경우들이 있고 이에 따라 각각 소리가 달라지게 마련입니다.

영어 발음과 연음을 강조하는 학원과 강사들은 이 중 오직 조음 기관에만 초점을 맞추고 있습니다. R 발음과 L 발음은 이러저러하게 다르니 혀의 모양을 이러하게 하고 입을 저러하게 벌려라 하는 식으로 가르치는 것입니다. 그러면서 호흡 기관과 발성 기관의 중요성은 간과해 버리고요.

앞에서도 언급했지만, 다시 한 번 유럽 사람들의 영어에 대해 이야기해 볼게요. 유럽 사람들은 한국 사람들보다 영어를 쉽게 알아듣습니다. 그들의 모국어는 영어와 같은 유럽어에 속하기에 조음 기관의 사용법은 다르더라도 호흡 기관과 발성 기관의 사용법은 상당히 유사하기 때문입니다.

이 사실이 알려 주는 것은 무엇일까요? 영어와 한국어의 근본적인 차이는 조음 기관의 사용법보다도 호흡 기관과 발성 기관의 사용법에 있다는 것이죠.

그래서 발음을 공부해서 소위 혀를 잘 굴린다 해도 실제 영어 소리와 같을 수는 없습니다. 미국에 있을 때의 일입니다. 같은 학교의 한국인 유학생 친구와 커피숍에 갔습니다. 평소 '리틀'을 '리를'이라고, '로버트'를 '롸벌트'라고 하는 등 굴리는 발음을 잘하는 친구였습니다. 커피숍에서도 친구는 역시나 혀를 한껏 굴려 주문하더군요.

"그~린~티~라~테~."

그런데 커피숍 종업원은 친구의 주문을 전혀 알아듣지 못하는 겁니다. 친구는 다시 한 번 말했습니다.

"그~린~티~라~테~."

하지만 이번에도 마찬가지였습니다. 보다 못 해 제가 나섰습니다. 같은 메뉴를 제가 말하자 종업원은 단박에 알아들었습니다. 제가 이렇게 말했기 때문이죠.

"그린! 티 라!테."

친구는 황당하다는 표정을 지었습니다. 굴리는 정도로 따지면 제 발음은 친구보다 투박했거든요. 그 친구는 영어의 본질은 발음이 아니라 강세 같은 소리에 있다는 사실을 몰랐던 것입니다.

학원과 강사 입장에서는 발음을 가르치는 게, 다시 말해 조음 기관만 다루는 게 편할 수 있습니다. 조음 기관은 호흡 기관이나 발성 기관에 비해 눈에 잘 보이는 위치에 있기 때문에 설명하기 편하니까요. 배우는 입장에서도 그럴듯하게 느껴지기도 하고요.

하지만 저는 발음은 포장지와 같다고 표현하고 싶습니다. 선물을 받을 때 포장지가 아름다우면 기분이 좋을 거예요. 하지만 포장지보다 더욱 중요한 것은 그 안에 들어 있는 선물 그 자체가 아닐까요. 발음에만 집착하는 것은 포장지에만 신경 쓰다 정작 그 안을 비워 놓는 것이나 다름없습니다.

이미
영어 배울 시기를
놓쳤다?

　문법을 몰라서 그런 거다, 영어 울렁증이 있어서 그런 거다, 발음을 몰라서 그런 거다……. 이렇게 앞에서 죽 살펴본 엉뚱한 이유들로 인해 영어가 안 되는 거라 믿고 있는 분들의 마음을 저는 잘 이해합니다. 저도 영화 씹어먹기를 하기 이전에는 막연히 그렇게 생각하기도 했으니까요.

　하지만 제가 이해할 수 없는 한 가지가 있습니다. 이미 영어를 배울 시기를 놓쳤기 때문에 영어가 안 되는 거라는 생각입니다.

　정말 우리는 영어를 배울 시기를 놓쳤을까요?

툿 영화 씹어먹기면 가능하다

다른 이유들은 적어도 '그러니까 ○○를 해야 한다' '△△를 해야 한다'라는 노력을 전제로 하고 있습니다. 물론 이유가 틀렸으니 그 노력도 방향이 틀렸지만, 그래도 무언가 해 보려는 의지가 있는 셈입니다.

그런데 이미 영어를 배울 시기를 놓쳤다는 것은 어차피 늦었으니 별 수 없이 포기해야 한다는 결론이 나옵니다. 물론 이 이유에는 나름의 근거가 있습니다.

인간이 언어를 배우는 데는 '결정적 시기'라는 것이 있다고 합니다. 어릴수록 언어를 쉽게 배우는 능력을 갖추고 있습니다. 그러다 일정한 나이가 넘어가면 그 능력이 사라지게 됩니다.

그래서 어린아이는 모국어를 빨리빨리 배웁니다. 두세 가지 언어를 동시에 접하는 어린아이는 그 언어들을 모두 유창하게 말하게 되기도 합니다. 하지만 성인이 외국어를 배우는 것은 더 힘듭니다. 모국어 수준까지 말하게 되기는 더더욱 힘듭니다. 간혹 성인들 중에 뒤늦게 외국어를 배웠음에도 모국어처럼 자유롭게 듣고 말하는 사람들이 있는데, 이런 사람들은 외국어 습득에 특별한 재능을 타고난 예외적인 경우라는 것입니다.

이런 생각에 따르면 저는 예외적인 경우에 속하는 것이라 볼 수 있습니다. 그런데 제가 외국어 습득에 특별한 재능을 타고났다면 학교 영어 수업에서는 왜 그토록 헤맸던 것일까요? 영화 씹어먹기라는 방법을 확립하기까지 왜 이런저런 시행착오를 거쳤던 것일까요?

이미 영어를 배울 시기를 놓쳤다는 생각은 반은 맞고 반은 틀립니다. 당연히 지금 우리는 영어를 모국어로서 습득할 시기를 놓친 상태입니다. 하지만 영어를 외국어로서 배울 시기까지 놓친 것은 아닙니다. 그 시기는 평생 어느 때이든 가능합니다. 더욱 중요한 사실은, 영어를 외국어로서 배우더라도 얼마든지 원어민 수준으로 유창하게 듣고 말하는 것이 가능하다는 점입니다.

진짜 문제는 이미 영어를 배울 시기를 놓친 것이 아니라, 예전에 모국어를 습득했을 때와는 너무 다른 방식으로 외국어 공부를 한다는 것입니다. 모국어를 습득했을 때와 같은 과정을 거쳐 외국어를 습득하면 됩니다. 듣기부터 한 다음에 말하기를 하고, 귀와 입에 익을 때까지 반복해서 훈련하는 것입니다. 그것이 바로 영화 씹어먹기이기도 하죠.

혹시 여전히 "에휴, 이미 영어 배울 시기 지났는데 뭐. 다 소용없어" 하고 자조하고 있는 분이라면 생각을 고쳐 주세요. 여러분이 영어를 배울 시기는 바로 지금부터입니다.

내게 용기와 의욕을 불어넣어 준
영상들

▶ 엘론 머스크의 인터뷰

페이팔을 만들었고 현재 테슬라, 스페이스X의 CEO인 엘론 머스크를 집중적으로 다룬 CBS 다큐멘터리 〈60분 60minutes〉입니다. 〈스페이스X: 우주를 향한 기업가의 경쟁SpaceX: Entrepreneur's race to space〉라는 제목대로 우주 사업과 관련된 그의 꿈과 도전을 다루고 있습니다.

When something is important enough, you do it even if the odds are not in your favor.

무언가가 그토록 중요하다면, 성공할 가능성이 크지 않다 하더라도 행동해야 합니다.

▶ 마윈의 대담

알리바바 그룹을 만든 마윈이 다보스 포럼에서 가진 대담입니다. 마윈이 성공하기까지 어떤 삶을 살았는지, 또한 그가 가진 사업 철학은 어떠한 것인지 알 수 있습니다.

When you have one billion dollar, that's not your money, that's trust society gives you.

당신이 10억 달러를 가졌다면 그것은 당신의 돈이 아닙니다. 그것은 사회가 당신에게 준 신뢰입니다.

찰리 멍거의 연설

워렌 버핏이 꼽는 유일한 동업자이자 존경하는 친구, 찰리 멍거가 서던캘리포니아 대학교 로스쿨 졸업식에서 한 연설입니다. 자신이 지금까지 살아오면서 도움이 되었던 인생의 여러 지혜들을 알려 줍니다.

Cicero is famous for saying "A man who doesn't know what happened before he was born goes through life like a child." That is a very correct idea of Cicero's. And he's right to ridicule somebody so foolish as not to know what happened before he was born.

잘 알려진 대로 키케로는 이렇게 말했습니다. "자신이 태어나기 전의 역사를 알지 못하는 사람은 어린아이와 같은 상태로 인생을 헤쳐 나가는 것입니다." 아주 옳은 말입니다. 키케로가 자신이 태어나기 전의 역사를 모를 정도로 멍청한 사람을 비웃은 것은 옳고말고요.

워렌 버핏과 빌 게이츠의 대담

워렛 버핏과 빌 게이츠는 종종 함께 대담 자리를 갖는데, 그중에서도 특히 유명한 1998년 워싱턴 대학교 경영대학원에서의 대담입니다. 성공, 인생, 미래에 대해 다양한 주제로 이야기를 나눕니다. 이 대담은 〈빌 게이츠 & 워렌 버핏 성공을 말하다〉라는 제목의 책으로도 국내에 소개된

바 있습니다.

It's better to hang out with people better than you. Pick out associates whose behavior is better than yours and you'll drift in that direction.

"당신보다 뛰어난 사람들을 바로 옆에 두십시오. 그러면 그 사람들의 생각, 행동, 태도, 말투 등 모든 것에 영향을 받게 되고, 조금씩 닮아 가게 됩니다."

내게 용기와 의욕을 불어넣어 준 책들

📖 그릿 Grit: The Power of Passion & Perseverance
| 앤절라 더크워스 |

'그릿'이란 열정적 끈기, 즉 자신이 성취하고자 하는 목표를 끝까지 해내는 힘을 의미합니다. 그릿은 재능을 뛰어넘는 성공의 열쇠고, 무언가에 도전해서 성공하는 사람은 특별한 재능을 가진 사람이기보다는 포기하지 않고 끈기 있게 해내는 사람입니다.

As much as talent counts, effort counts twice.
재능은 중요하다. 노력은 그 두 배로 중요하다.

📖 누가 내 치즈를 옮겼을까? Who Moved My Cheese?
| 스펜서 존슨 |

치즈에 대한 짧은 우화를 통해 현대인들이 살아가면서 마주치게 되는 수많은 변화의 순간을 슬기롭게 대처하는 지혜를 들려주는 책이지요. '편안한 곳에서 외부와 격리된 삶을 사는 것 보다는 스스로 선택하는 삶을 사는 것이 가장 안전하다'는 교훈을 말합니다. 썩은 치즈의 망령에 시달리지 말고, 어서 새 치즈를 찾아 떠나보는 건 어떨까요?

What you are afraid of is never as bad as what you imagine. The fear you let build up in your mind is worse than the situation that actually exists.

당신이 두려워하는 것은 당신이 상상하는 것만큼 나쁘지 않다. 당신이 마음속에서 자라게 둔 두려움이 실제로 존재하는 상황보다 더 심각하다.

나는 왜 이 일을 하는가? Start With Why
| 사이먼 사이넥 |

일을 하며 우리가 내려야 하는 모든 의사결정에 대해 판단의 기준을 제시합니다. '무슨 일을 하느냐', '어떻게 일을 하느냐'라는 질문보다 더 중요한 질문은 '나는 왜 이 일을 하느냐'라는 것을 강조합니다.

People don't buy what you do; they buy why you do it. And what you do simply proves what you believe.

사람들은 당신이 무엇을 하는지를 보고 구매하지 않는다. 당신이 왜 그것을 하는지를 보고 구매한다. 그리고 당신이 무엇을 하는지는 당신이 무엇을 믿는지를 증명한다.

아웃라이어 Outliers | 말콤 글래드웰 |

비약적으로 성공한 사람들이 가졌던 공통점을 분석하고 있습니다. 한 사람이 성공하기까지는 주위 환경과 시대 상황이 큰 영향을 끼칩니다. 또한 어떤 분야든 1만 시간 이상 노력을 지속하면 탁월한 전문성을 갖게 됩니다.

In fact, researchers have settled on what they believe is the magic number for true expertise: ten thousand hours.

실제로, 연구원들은 진정한 전문성을 위해서는 그들이 믿는 1만 시간이라는 마법의 숫자가 필요하다고 결론 내렸다.

📖 성공의 법칙 The New Psycho-Cybernetics | 맥스웰 몰츠 |

무의식의 중요성에 대해서 다룹니다. 무의식은 인간의 행동을 통제합니다. 자신의 행복한 모습을 계속해서 상상하면 무의식이 바뀌게 되고, 바뀐 무의식 때문에 행동 또한 바뀌어 인생이 변화되기 시작합니다.

Your nervous system cannot tell the difference between an imagined experience and a 'real' experience.

인간의 신경계는 상상의 경험과 실제 경험을 구분해내지 못한다.

📖 생각하라! 그러면 부자가 되리라! Think and Grow Rich | 나폴레온 힐 |

〈성공의 법칙〉과 같은 맥락의 책입니다. 성공하는 사람과 그렇지 못하는 사람의 가장 큰 차이는 생각에서부터 시작됩니다. 인간의 내면은 의식과 무의식으로 나눌 수 있는데, 부정적인 생각을 지속하면 무의식에 영향을 끼쳐 무언가에 도전하지 못하게 되고 역량을 발휘하지 못하게 되는 것입니다.

You are the master of your destiny. You can influence, direct and control your own environment. You can make your life what you want it to be.

당신은 당신 운명의 주인이다. 당신은 환경에 영향을 미칠 수도, 방향을 이끌 수도, 제어할 수도 있다. 당신은 인생을 원하는 대로 만들 수 있다.

ENGLISH

5

방황하던 노답 인생, 영어로 구원받다

복싱도 영어도, 피하지 말고 맞서라

이제 마지막으로 힘주어 들려 드리고 싶은 한 가지가 남았습니다. 고교 시절, 자퇴 후 그리고 유학 시절 동안 저는 과연 어떤 마음이었기에 영어를 이렇게까지 씹어먹을 수 있었을까요?

'나도 영어 한번 넘어서고야 말겠다'는 간절한 동기이지요. 뜻이 있는 자에게 길이 열리는 법이니까요. 지금의 저로 이끈 영어에 대한 의지, 지금 우리에게 가장 필요한 것입니다.

❀ 나도 '전일보'처럼

제게는 소중하게 간직하고 있는 보물이 있습니다. 바로 프로 복서 자격증입니다. 학창 시절, 성적표에 낮은 등수가 찍히는 것도 전혀 아랑곳하지 않던 제가 죽기보다 싫어한 것은 또래 아이들에게 힘으로 밀리는 것이었습니다. 툭하면 싸움박질을 벌여서 선생님에게 불려 가 야단맞기 일쑤였습니다.

제 관심사는 오로지 주먹으로는 누구에게도 밀리지 않는 강한 사람이 되는 것이었습니다. 그런 제게 딱 맞는 운동이 복싱이었습니다.

〈더 파이팅〉이라는 애니메이션을 아세요? 제가 어릴 때 무척 좋아한 애니메이션입니다. 권투 선수가 주인공이죠.

전일보는 친구들의 괴롭힘을 한 몸에 받는 왕따 소년입니다. 그러던 어느 날 우연히 복싱 선수에게 도움을 받게 됩니다. 이 일을 계기로 전일보는 복싱의 세계에 입문합니다. 부단히 훈련한 끝에 그는 숱한 경쟁자들을 차례차례 무찌르고 챔피언의 자리에 오릅니다.

〈더 파이팅〉은 어린 제 마음에 큰 불씨를 지폈습니다. 학교를 마치고 집에 오면 곧장 유명한 복싱 선수들의 KO 장면들을 동영상으로 보곤 했습니다. 그러다 중학교 1학년 때 본격적으로 복싱 체육관을 다니기 시작했습니다.

학교에서는 없던 의욕이 복싱 체육관만 가면 활활 타오르더군요. 복싱 경기 영상 속에서 본 유명 선수들의 모습을 머릿속으로 수없이 되새김질하며 샌드백을 두들겼습니다. 너무 힘들어서 체육관을 나설 때면 거의 쓰러질 지경이었습니다. 그래도 그저 날마다 더 강해지고 있다는 생각에 마음속으로는 신이 났습니다.

고등학교에 진학해서도 복싱을 계속했습니다. 남들은 고등학교 가서 정신 차리고 공부하는 시늉이라도 한다던데 저는 여전히 복싱에만 빠져 있었습니다.

그렇게 4년 정도 훈련한 결과, 마침내 프로 복서 자격증을 딸 수 있었습니다. 프로 복서로 승부를 보겠다는 목표 같은 것은 딱히 없었습니다. 그저 좋아서 계속한 것이었고, 그러다 보니 실력을 확인받기 위해 프로 복서 자격증까지 딴 것이었습니다.

복싱에 이렇게 미쳐 있던 제 관심이 영어로 이동하면서 지금은 복싱과 꽤 멀어졌습니다. 마지막으로 복싱 체육관을 간 지도 오랜 시간이 흘렀으니까요. 저는 복싱에만 매달렸던 그 시간들을 제 인생에서 소중하게 생각합니다. 복싱을 했던 경험이 영어 공부를 할 때 꽤 많이 도움이 되었거든요.

✪ 영어라는 강한 상대를 대하는 자세

복싱을 통해 제가 얻은 교훈은 어떤 상대든 피하지 않고 맞서야 한다는 것이었습니다. 여러분은 평소에 자신보다 강한 누군가를 만나면 어떻게 하시나요? 복잡한 일에 얽히지 않으려면 피해 버리면 그만입니다. 하지만 만약 링 위에 올라선다면요? 상대가 누구든 피할 수 없죠.

강한 상대라고 두려워하며 주먹을 내기를 주저하면 일방적으로 맞을 수밖에 없습니다. 상대가 강하고 약하고를 떠나 무조건 맞서야 합니다.

물론 상대가 강하다면 많이 얻어터지게 되겠죠. 그렇더라도 상대를 피해 링 위를 빙빙 돌기만 하면 안 됩니다. 자신이 할 수 있는 한 최대로 타격을 가하기 위해 온 힘을 다해 주먹을 휘둘러야 합니다. 그러다 졌더라도 좌절하고 있을 여유가 없습니다. 여기서 주저앉는 것은 곧 피하는 것입니다. 주먹을 더 강하게 단련하고 다시 맞서야 합니다.

공부에 별 관심도 없던 저였으니 학교에서 별다른 상장을 받아 본 적이 없었죠. 그랬던 제게 프로 복서 자격증은 제 인생에서 최초로 맛본 성취였습니다. 피하지 않고 맞섰기에 가능한 일이었습니다.

영어 공부를 할 때도 그랬습니다. 피하지 않고 맞섰죠.

제가 복싱을 할 때 링 위에서 상대했던 그 누구보다도 영어는 강한 상대처럼 보였습니다. 아무리 주먹을 휘둘러도 꿈쩍도 하지 않는 듯했습니다. 그래도 물러서거나 도망가지 않았습니다. 그럴수록 더욱 집중해서 주먹을 휘두르려고 했습니다.

반복해서 듣고, 반복해서 따라 말하는 것. 그것이 제가 휘두른 주먹이었습니다.

여러분에게도 영어는 강한 상대일 거예요. 이미 여러 차례 영어에게 지기도 하셨을 것입니다. 그렇더라도 영어를 피하지 마세요. 다시 맞서세요. 맞서다 보니 결국은 영어를 이기게 됩니다. 복싱만 하던 저도 해내지 않았습니까.

인생의 바닥에서
영어를 시작하다

저는 자퇴를 했습니다. 대학교 자퇴도 아니고 고등학교 자퇴를 한다는 것은 쉬운 선택이 아니었음에도 저는 자퇴를 택했습니다. 그것은 학교를 다녀야 할 이유를 찾지 못했기 때문이기도 했지만 사실, 학교에서 있었던 통과의 싸움이 발단이 되었습니다.

❀ 학교 일진과의 싸움

저희 학교에는 소위 '통'이라고 불리는 일진 녀석이 있었습니다. 하루는 화장실에 들어가다가 그 통과 어깨가 부딪쳤습니다. 통은 곧바로 눈을 부라리며 시비를 걸어왔습니다. 저는 미안하다고 사과했습니다. 함부로 맞섰다가는 통의 패거리들과 엮일 수도 있기에 억지로 참았습니다.

그런데 이 일이 있은 지 며칠 후, 쉬는 시간에 자리를 비웠다가 돌아와 보니 제 교과서 페이지 전체가 축축이 젖어 있었습니다. 통의 친구가 가래침을 뱉어 놓았다고 하더군요. 그 녀석은 제가 모욕을 받아도 그저 사과만 하는 아이라고 만만하게 여겼나 봅니다.

더 이상 참을 수 없었습니다. 저는 통의 친구에게 가서 녀석의 가래침이 덕지덕지 붙은 책을 내밀었습니다. 녀석은 마치 벌레 보듯 저를 위아래로 훑어보며 귀찮다는 듯 대꾸했습니다.

"뭐어?"

앉아 있는 그 녀석의 왼쪽 관자놀이에 레프트 훅을 내리꽂았습니다. 그러고는 생각할 시간도 없이 수많은 주먹을 내질렀습니다. 얼마나 때렸을까요. 아이들이 우르르 몰려와 저를 말리더군요. 정신을 차려 보니 녀석의 얼굴은 피로 범벅이 되어 있었습니다.

싸움이 벌어졌다는 소식을 듣고 금세 다른 반 아이들도 몰려들었습니다. 그리고 한 아이가 교실 중간을 가르며 뚜벅뚜벅 걸어왔습니다. 통이었죠.

통은 바로 제 따귀를 갈겼습니다. 하지만 지난번처럼 그저 미안하다고 할 제가 아니었습니다. 저도 곧장 주먹을 휘둘렀습니다. 또다시 주위 아이들이 저를 뜯어 말렸습니다. 통의 입에서는 피가 줄

줄 흐르고 있었습니다.

저와 통, 그리고 통의 친구는 학생부실로 불려 갔습니다. 각 반 선생님들도 모두 모였습니다. 간간히 담임 선생님이 제 편을 들어 줄 뿐, 다른 선생님들은 오직 저만 나무랐습니다.

"사람을 이렇게 패면 되냐."

"복싱까지 한 놈이 다른 애들을 때려? 쯧쯧."

어쨌든 간에 폭력을 행사했고 상대방을 다치게 했으니 저도 잘 못했다는 사실은 인정하지만 그래도 저 혼자만의 잘못으로 몰리는 것은 억울했습니다. 먼저 모욕을 주고 먼저 가래침을 뱉고 먼저 따 귀를 때린 쪽은 그 아이들이니까요.

통의 행동은 더 가관이었습니다. 사유서를 제출했는데 거기에 다 '저를 때린 저 XX를 죽여 버릴 겁니다'라고 적었더라고요. 그 사 유서를 읽은 부모님은 사고뭉치 아들이 또 폭력에 휘말리는 게 아 닌가 노심초사하셨습니다. 그리고 며칠 후, 부모님이 조심스럽게 말 을 꺼내셨습니다.

"왕국아, 너…… 자퇴하는 게 어떻겠니?"

고등학교에 다니는 자식이 학교를 그만두겠다고 하면 부모님 들은 펄쩍 뛰며 반대하기 마련이잖아요. 그런데 부모님은 오히려 먼 저 학교를 그만두라고 권하신 겁니다.

부모님의 권유에 저는 단호히 고개를 저었습니다. 왜 내가 저

녀석들이 무서워 도망가야 하나 반발심만 들었습니다.

⊛_ 저, 자퇴합니다

그런데 부모님의 걱정이 무색하게도, 제 학교생활은 오히려 이전보다 평온해졌습니다. 사유서에는 저를 죽이겠다고 기세등등하게 썼던 것과 달리, 통은 더 이상 저를 건드리려 하지 않았거든요. 통의 친구들도 저를 함부로 대하지 않았고요. 제가 프로 복서 자격증까지 가지고 있다는 사실을 알게 되었기 때문인 듯했습니다.

더구나 그 싸움 이후로 학교 안에는 저에 대해 별별 소문이 퍼지기 시작했습니다. 복싱 전국 2위라는 둥, 아버지도 복싱 선수라는 둥……. "신왕국이 누구냐? 얼굴 한번 보자"라며 반으로 찾아오는 아이들까지 있었습니다. 이쯤 되니 감히 누구도 제게 시비를 걸거나 해코지를 하려 들지 않았습니다.

아이러니하게도, 오히려 이때부터 제 머릿속에는 학교를 떠나고 싶다는 생각이 스멀스멀 피어오르더라고요. 자퇴는 제게 맞지도 않는 공부를 그만둘 수 있는 좋은 기회였습니다.

부모님이 자퇴를 권유했을 때 그러기 싫었던 것은 도망자가 되지 않기 위해서였습니다. 그런데 상황이 잘 풀렸으니 이제는 자퇴해도 도망자가 아닌 거잖아요.

부모님께 제 뜻을 말씀드렸습니다. 하지만 그사이 부모님 입장도 달라져서 제 자퇴가 달갑지 않으신 눈치였죠. 하지만 제가 워낙 고집을 부리니 마지못해 허락하셨습니다.

담임 선생님에게도 말씀드렸습니다. 사실 반 평균을 까먹으면서 말썽만 피우는 녀석이 사라지는 것이니 담임 선생님 입장에서는 속 시원하실 수도 있었을 것 같아요. 하지만 담임 선생님은 이런 말로 저를 격려해 주셨습니다.

"왕국아, 이 결정은 네 인생에 큰 영향을 미칠 거야. 그게 긍정적일지 부정적일지는 네가 앞으로 인생을 어떻게 헤쳐 나가느냐에 달렸다."

✿ 영어에 도전해야 하는 이유

그렇게 저는 고교 자퇴생이 되었습니다. 담임 선생님 말씀대로 이 결정은 제 인생에 큰 영향을 미쳤습니다. 자퇴를 한 이후, 영화 씹어먹기를 통해 영어를 정복하고, 미국 명문대생도 되었으니까 말입니다.

이 시기는 제 인생이 가장 험난했던 때입니다. 그야말로 바닥을 쳤죠.

그저 싸움에서 지지 않겠다는 의지만 가득한 아이, 철이 없어도 심하게 없는 아이, 꿈도 목표도 없는 아이가 저였습니다. 학벌도 돈도 빽도 없는 아이가 저였습니다. 남들 눈에는 그저 못나 보일 수밖에 없는 온갖 조건들을 갖추고 있었습니다. 그랬던 제가 영어를 정복했습니다. 그것도 저 홀로 공부해서 이룬 성과였습니다.

제가 미국에서 만난 한국인 유학생들 중에는 안정된 환경에서 부모님의 전폭적인 경제적 지원을 받으며 성장한 사람이 많았습니다. 우리나라에서 알아주는 명문대 출신, 특목고 출신인 사람도 많았습니다.

하지만 어릴 때 외국에 살았던 사람을 제외하고는 저만큼 영어를 자유자재로 유창하게 구사하는 사람을 거의 보지 못했습니다. 오히려 제가 그들의 과제를 도와주곤 했습니다.

혹시 여러분은 여러분 자신이 똑똑하지 않아서, 돈이 많지 않아서, 도와주는 사람이 없어서 영어에 도전하지 못한다고 생각하시나요? 그것은 오해입니다. 그런 것은 영어에 도전하지 않는 이유가 될 수 없어요.

제가 여러분에게 강조드립니다. 여러분이 똑똑하지 않다면, 돈이 많지 않다면, 도와주는 사람이 없다면, 그럴수록 오히려 영어에 도전하세요. 그리고 영어를 정복하세요. 영어는 그런 조건들을 하나도 갖추지 않고도 얼마든지 가질 수 있는 능력이니까요.

영어로의
도전 뒤에 있었던
아버지의 간절함

"자네가 무언가를 간절히 원할 때, 온 우주는 자네의 소망이 실현되도록 도와준다네."

세계적 작가 파울로 코엘료의 작품 〈연금술사〉에 나오는 유명한 구절입니다.

여러분은 간절함이 가진 힘을 경험해 보신 적이 있으신가요? 간절히 원하던 소원이 이루어진 적이 있으신가요?

저는 그런 경험이 있습니다. 그런데 제가 처음으로 경험한 간절함은 저의 간절함이 아니었습니다.

그것은 아버지의 간절함이었죠.

⚙ 아버지의 눈물

'아버지는 크다.'

'아버지는 강하다.'

'아버지는 똑똑하다.'

제가 어릴 적 아버지에 대해 가졌던 생각들입니다. 그럴 수밖에요. 아버지는 저보다 키가 두 배는 더 크고, 제가 두 손으로 팔씨름을 해도 이길 수 없을 만큼 강하고, 제 질문이 무엇이든 다 대답해 줄 정도로 아는 것이 많은 분이었습니다.

하지만 이런 생각은 점차 사라져 갔습니다. 제 키가 커질수록 아버지는 작아 보였고, 제 힘이 세질수록 아버지는 약해 보였죠. 더이상 제게 아버지는 대단한 사람이 아니었습니다. 어느새 저는 반항심만 가득한 아들이 되어 있었습니다.

물론 아버지도 장남인 제게 실망이 크셨죠. 공부를 못하는 점은 그렇다 치더라도 공부를 해 보려는 노력조차 하지 않으니까요. 저와 아버지의 사이는 싸늘해져 갔습니다.

그러던 어느 날, 아버지가 제 성적표를 손에 쥐고 제 방에 들어오셨습니다. 성적표에 적힌 숫자는 평균 45점. 아버지는 반에서 거의 꼴찌에 가까운 그 점수를 가리키며 한숨을 쉬셨습니다.

"아버지의 유일한 희망은 너다. 그런데 네가 이렇게 공부를 안 하면 되겠니?"

아버지의 눈에서 눈물이 뚝뚝 떨어지기 시작했습니다. 태어나서 처음 보는 아버지의 눈물이었습니다. 정말로 슬픈 울음이었습니다.

한때 제게 세상에서 가장 강한 사람이었던 아버지의 눈물은 제 가슴을 무겁게 짓누르더군요. 저도 할 수 있다는 것을 아버지에게 보여 드리고 싶었습니다.

"아버지, 제가 다음 시험에선 평균 30점을 올릴게요. 그래서 75점을 만들게요."

뜬금없는 제 다짐에 아버지는 당황하신 듯했습니다.

"그래도 그렇지, 한 달 만에 어떻게 30점을……."

"할 수 있어요."

다음 날부터 저는 체육관 대신 도서관으로 발길을 돌렸습니다. 방과 후면 도서관에서 살다시피 한 지 한 달. 시험 결과가 나왔습니다. 평균 75점이었습니다. 정확하게 30점이 오른 결과였죠. 제가 장담한 대로 결과가 나오다니 저 자신도 신기하더라고요.

아버지는 너무도 기뻐하셨습니다. 그렇게 환하게 웃는 아버지의 모습은 정말 오랜만이었어요.

하지만 딱 거기까지였습니다. 제 생활은 원래대로 돌아갔습니다. 도서관에 발길을 끊고 다시 체육관으로 향했고 성적은 원래대로 추락했습니다.

그만큼 저는 답이 안 나오는 천하의 불효자식이었던 것이죠. 아버지의 한숨도 다시 시작되었습니다.

❀ 나를 움직인 아버지의 간절함

자퇴 후, 그렇게 좋아하던 복싱도 어느새 시들해졌습니다. 학교를 오가는 규칙적인 생활을 그만두자 하루하루가 그저 대책 없이 풀어졌습니다. 1년 가까운 시간이 훌쩍 지나갔습니다.

아버지는 이런 상황에서도 아들에 대한 기대를 놓지 않으셨습니다. 틈이 날 때마다 저를 붙잡고 공부를 해야 된다고 설득하셨습니다.

"왕국아, 공부는 조금만 잘해도 인정받고 성공할 수 있어."

아버지의 이런 논리를 저는 한 귀로 듣고 한 귀로 흘렸습니다. 그래도 아버지는 포기하지 않으시더군요. 이번에는 조상님들을 동원하기 시작하셨죠.

"우리 평산 신 씨 집안의 시조가 신숭겸 장군이잖니. 그분이 말이다……."

신숭겸 장군은 고려를 세운 왕건의 의형제였습니다. 전쟁터에서 왕건이 죽음의 위기에 처하자 신숭겸 장군은 왕건의 갑옷을 대신 입은 채 적군을 유인했고 그 자신은 목숨을 잃었습니다. 왕건은

신숭겸 장군을 성대하게 장사 지냈습니다.

"신호라는 분도 평산 신 씨 집안의 자랑이다. 그분이 어땠는가 하면……."

신호는 고려 말의 문신이었습니다. 이성계가 공양왕을 끌어내리자 신호는 옥새를 선선히 넘겨주기를 거절하며 숨겼습니다. 이성계는 신호의 충절을 높이 사며 벼슬을 제안했지만 신호는 거절하고 낙향했습니다.

"네 증조할아버지도 보통 분이 아니셨지. 증조할아버지가 어느 정도였냐면……."

증조할아버지는 경기도 가평에 자리를 잡고 소를 키워서 파는 일을 했습니다. 그렇게 번 돈으로 계속 땅을 사들여서 나중에는 가평에서 손에 꼽히는 땅 부자가 되었습니다.

아버지는 이야기를 하는 데만 그치지 않으셨어요. 직접 운전해서 저를 신숭겸 장군의 묘지에 데려가기도 하고, 증조할아버지의 땅이 있던 가평에 데려가기도 하셨습니다.

제 조상이 어떤 분들인지 알면서 저도 긍지가 느껴졌습니다. 하지만 더욱 제 마음에 와 닿았던 것은 조상님들의 힘을 빌려서라도 아들을 변화시키고자 하는 아버지의 간절함이었습니다.

그 간절함이 제 마음을 조금씩 움직였습니다. 그제야 고생하시는 부모님의 모습이 눈에 들어오면서 죄송한 마음이 들었습니다.

마침내 저는 결심했죠.

"그래, 공부를 하자!"

그 공부가 결국 영어 정복으로 이어지게 된 것이죠.

✎ 내가 지금 간절히 바라는 것은…

가끔 상상해 봅니다. 그때 아버지의 간절함이 없었다면 제 인생은 대체 어디로 흘러갔을까요. 아마 인생의 방향을 잡지 못한 채로 그저 허송세월을 보냈을 것 같습니다.

한때 저는 세상에 저 혼자뿐이라고 생각했습니다. 미처 몰랐던 거죠. 간절함을 품고 저를 바라보는 사람들이 있다는 사실을 말입니다.

여러분 중에도 그때의 저와 같은 생각을 가진 분이 있나요? 그렇다면 주위를 둘러보세요. 분명 누군가 간절함을 품고 여러분을 바라보고 있을 거예요. 부모님일 수도 있고 형제자매일 수도 있습니다. 친구나 연인일 수도 있습니다. 학교 선생님이나 직장 동료일 수도 있습니다.

그 간절함에 이제 여러분이 응답해 주세요.

저도 이 책을 읽는 모든 분들을 향해 간절함을 품고 있습니다. 여러분이 영화 씹어먹기를 통해 영어를 정복하시기를, 그래서 영어를 통해 더 많은 기회를 잡으시기를 간절히 바라고 있죠.

여러분도 저의 간절함에 응답해 주시겠어요?

영어 정복을
현실로 만드는 법

아버지의 간절함이 만들어 낸 변화에 대해 이야기해 드렸는데요, 이번에는 저의 간절함이 만들어 낸 기적에 대해 이야기해 드리겠습니다.

네, 저는 방금 '기적'이라는 표현을 썼습니다. 저에게는 진심으로 기적이나 다름없는 일이었거든요.

혼자 힘으로 영어를 정복한 것을 이야기하려는 거냐고요? 물론 그것도 간절함이 이룬 기적이죠. 하지만 그 일은 이미 말씀드렸으니 이번에는 또 다른 기적을 이야기해 드리려 합니다.

🎬 미국 비자를 받을 수 있었던 간절함

미국 유학을 준비하던 때의 일입니다. 저는 미처 예상 못 한 장애물에 부딪치고 말았습니다. 미국 비자였습니다.

미국 비자를 받는 것은 무척 까다로웠습니다. 고등학교를 그만둔 후로 지금까지 2년 동안 무엇을 했는지 증명해야 했거든요. 그런데 허송세월로 보낸 1년, 영어 공부로 보낸 1년을 증명할 방법이 마땅치 않았습니다.

부모님의 재정 상태도 문제였어요. 재산이 어느 수준 이상으로 넉넉하다든가 한 달에 적어도 400~500만 원의 소득을 거둔다든가 하는 점을 증명할 서류가 있어야 했습니다. 그런데 저희 집에 그런 서류가 있을 리 없었죠.

저를 심사하게 된 담당자는 미국 비자 관련 인터넷 커뮤니티에서 소위 '꽁지머리 영사'라고 불리는 사람이었습니다. 이런, 엎친 데 덮친 격이었죠. 꽁지머리 영사는 유난히 까탈스럽기로 악명이 높았거든요.

꽁지머리 영사는 한국어를 잘했습니다. 그런데 제가 고등학교 졸업 후 영어 공부를 열심히 했다고 말하기가 무섭게 영어로 질문하기 시작했습니다. 거의 쏘아붙이는 수준이었죠.

드디어 가장 걱정했던 순간이 닥쳐왔습니다. 꽁지머리 영사는 저희 집의 재정 상태에 대한 서류를 보더니 신경질적으로 소리를 치더군요.

"이게 세금 내역서인가요? 대체 뭐죠?"

"간이 세금 계산서입니다."

"내가 세금 내역서를 달라고 했지 언제 이런 거 달라고 했어요? 지금 날 속이려는 거예요?"

"저는 이것밖에 없습니다. 속이려는 건 아닙니다."

결국 제가 받은 것은 녹색 레터. 불합격이긴 한데 부족한 서류를 추가로 제출하면 다시 검토하겠다는 의미였습니다. 하지만 제가 무슨 수로 그 서류를 제출할 수 있겠습니까.

다급한 마음에 미국 비자 발급 전문가라는 사람들을 찾아 물어보았습니다. 하나같이 똑같은 반응이었습니다.

"이 상황에서 비자를 받는 건 불가능합니다."

화를 내는 사람도 있었죠.

"아, 글쎄, 안 된다고요! 5억을 가져와도 서류 없이는 안 돼요!"

그 무렵 마침 필리핀에서 친하게 지냈던 현석이 형이 한국에 들어와서 만나게 되었습니다. 제 사정을 알게 된 현석이 형은 한 가지 아이디어를 냈습니다.

"그 꽁지머리 영사라는 사람한테 편지를 써 보면 어때? 미국 사람들은 의외로 얘기가 잘 통하거든."

확신이 서지 않았습니다. 미국 비자 전문가들도 절대 안 된다고 하는데 고작 편지 한 통으로? 하지만 달리 할 수 있는 일도 없잖아요. 지푸라기라도 잡는 심정으로 시도해 보기로 했습니다.

형과 헤어지고 집에 오자마자 편지를 쓰기 시작했습니다. 고등학교를 자퇴하게 된 사연, 복싱이 제게 주었던 의미 등을 최대한 솔직하게 썼습니다. 프로 복서 자격증도 복사해서 첨부했습니다.

특히 제가 집에서 혼자 영어를 공부하느라 공백기를 증명하기 어렵다는 점을 자세히 설명하는 데 공을 들였습니다. 아마 꽁지머리 영사도 저를 인터뷰하며 제 영어 실력이 만만치 않다는 것을 느꼈을 테니까요.

편지를 쓰는 내내 진심이 통하기를 간절히, 너무도 간절히 기도했습니다. A4 용지 한 장 분량의 편지였습니다. 그 편지를 대사관에 제출했습니다. 이제 남은 일은 결과를 기다리는 것뿐이었습니다.

2주 후, 인터넷에 접속해 결과를 확인했습니다. 저는 제 눈을 의심했습니다. 제 간절함이 통했던 것일까요? 비자가 통과된 것입니다.

기뻐서 정말 하늘을 날아갈 듯했습니다. 그리고 얼마 지나지 않아 저는 미국으로 향하는 비행기를 타고 진짜로 하늘을 날고 있었죠.

✿ UC버클리에 갈 수 있었던 간절함

UC버클리 편입을 준비하던 때도 제 간절함이 통했다고 생각합니다. 저는 UC버클리 학생이 되기를 정말 너무도 너무도 간절히 바랐습니다. 그 목표를 이루고 싶어서 갖게 된 습관이 있었습니다. UC버클리 학생 된 제 모습을 상상하는 것이었죠.

미국에서 저는 워렌 버핏, 빌 게이츠, 스티브 잡스, 엘론 머스크, 마크 저커버그, 마크 큐번 등 성공한 사람들의 인터뷰를 즐겨 보았습니다. 그러다 보니 한 가지 공통점을 알 수 있었습니다.

주변에서 실패할 것이라고 비관적으로 보아도 그들은 전혀 개의치 않았습니다. 그러면서 그들은 목표를 이룬 자신의 모습을 머릿속에 구체적으로 그렸습니다.

이런 사실과 관련된 책들도 찾아보았습니다. 많은 책들이 자신이 원하는 미래를 머릿속으로 상상하면 그 미래가 현실로 이루어지게 된다고 말하고 있더군요.

과학적으로도 일리가 있는 말이라 했습니다. 평소 자꾸 상상하다 보면 그 상상이 행동이 되고 그 행동이 습관이 되고 마침내는 그 습관이 성공을 가져오기 때문입니다. 그러니 상상은 성공의 뿌리인 셈입니다.

상상은 간절함과도 일맥상통합니다. 간절히 바라기 때문에 상상을 하게 되는 것이죠. 또 간절하게 상상할수록 상상이 갖는 효과도 더욱 커진다고 하더군요.

친구에게 부탁해 사진을 합성했습니다. UC버클리 캠퍼스에 제 모습을 넣은 사진과 UC버클리 학생증에 제 얼굴을 넣은 사진이었습니다. 전문가의 솜씨가 아니라 누가 보아도 조악했지만 그런 것쯤은 상관없었어요. 저는 매일같이 아침저녁으로 하숙집 뒤뜰을 산책하며 그 사진들을 바라보았습니다.

짧을 때는 10분, 길 때는 30분, 제가 실제로 UC버클리 학생이 되어 UC버클리 캠퍼스를 걸어 다니는 상상에 몰입했습니다. 간절함을 가득 담아서요. 상상하는 시간을 가지고 나면 확실히 공부가 훨씬 잘되더군요. 공부가 지루한 노동이 아니라 즐거운 여정으로 느껴졌으니까요.

그렇게 상상한 결과는 여러분이 모두 아시는 대로입니다. 몇 달 후, 저는 UC버클리가 발급한 진짜 학생증을 가진 채 UC버클리 캠퍼스를 누비게 되었습니다.

✵ 영어 정복이라는 기적을 바란다면

간절함의 힘이 강력하다는 것은 간절하기만 하면 그저 멍하니 앉아 있어도 된다는 뜻이 아닙니다. 그것은 진정한 간절함이 아닙니다.

진정한 간절함은 여러분을 움직이게 합니다. 또 여러분을 대하는 다른 사람들을 움직이게 합니다. 그래서 결국 기적으로 이어지는 것이죠.

여러분이 지금 원하는 기적은 어떤 것인가요? 지금 이 책을 읽고 있는 사실로 짐작하건대, 영어와 관련된 기적을 원하실 것 같네요.

영어를 한국어처럼 듣고 말하는 기적, 영화를 자막 없이도 완벽하게 이해하는 기적, 원어민과 대등하게 토론하는 기적, 영어 실력을 발휘해 외국에서 직업을 얻거나 사업을 하는 기적…….

그 기적을 간절히 바라세요. 간절하게 상상하세요. 그러면 그 기적은 여러분의 현실이 될 것입니다.

영어로 만난
더 넓은 세상

미국에서 저는 성공한 사람들의 연설이나 인터뷰를 자주 보았습니다. 특히 워렌 버핏의 인터뷰들이 인상적이더라고요. 어떻게 하면 성공할 수 있느냐는 질문에 그는 항상 이런 식으로 대답했습니다.

"당신보다 뛰어난 사람들을 바로 옆에 두십시오. 그러면 그 사람들의 생각, 행동, 태도, 말투 등 모든 것에 영향을 받게 되고, 조금씩 닮아 가게 됩니다."

저는 이 말을 항상 마음속에 담아 두고 있었습니다. 그런데 이 말을 실제로 체험할 절호의 기회가 생겼죠.

UC버클리 편입을 준비하던 저는 캘리포니아 주의 LA로 이사

했습니다. UC버클리는 캘리포니아 주가 설립한 대학교인 만큼 아무래도 그곳에 사는 것이 조금이라도 더 유리했기 때문입니다. LA에서 숙소를 구하다 보니 UCLA 학생들만 살고 있는 하숙집을 알게 되었습니다. UCLA도 명문으로 이름난 학교 아닙니까. 호기심에 그 하숙집에 들어가기로 결정했습니다. 그렇게 해서 UCLA 학생들 26명과의 동거가 시작되었습니다.

🎞️_ 26명의 명문대생과 1명의 편입 준비생

그런데 기대와 달리, 시간이 지나도 하숙집 안에서 저 혼자만 겉도는 느낌이었습니다. 특히 제가 알 수 없는 학교 안의 일들을 이야기할 때면 저 혼자 멀뚱멀뚱 바보가 된 것 같았습니다. 같은 학교 학생들 사이에서 저 혼자만 편입 준비생이니 그럴 만도 했죠. 하지만 아무리 그래도 은근히 저를 깔보는 듯한 태도가 보일 때는 치밀어 오르는 화를 꾹 눌러야 했습니다.

상황을 바꾸어 준 것은 뜻밖에도 복싱이었죠. 제가 프로 복서 자격증이 있다는 사실을 알고 그들은 무척 신기해했습니다. 덩치가 훨씬 큰 친구보다도 제가 더 주먹이 빠르고 정확한 것을 보더니 몇몇 학생은 복싱을 가르쳐 달라고 부탁하기도 했습니다. 이 일을 계기로 저를 무시했던 학생들도 더 이상 함부로 행동하지 않고 같이 어울리기 시작했습니다.

UC버클리의 편입 인터뷰를 준비할 때도 하숙집 친구들이 큰 도움이 되어 주었습니다. "That's what friends are for(친구니까 당연히 도와야지)"라며 인터뷰에 나올 법한 질문을 해 주었고 제 대답을 점검해 주었습니다.

일단 가까워지고 보니 미국 아이들도 한국 아이들이나 매한가지더라고요. 성적 때문에 눈물 흘리기도 하고, 사람들과의 관계 때문에 고민하기도 하고요.

하지만 역시 미국에서도 손꼽히는 명문대를 다니는 학생들은 다르구나 하고 느낄 때도 많았습니다. 그 친구들 덕분에 저도 더 성장할 수 있었죠.

⚙️_ 하숙집 친구들이 가르쳐 준 것들

하숙집 친구들 중에서도 특히 세 친구가 기억에 남습니다. 참 소중한 교훈들을 제게 주었어요.

브라이언은 제가 공부를 도와 달라고 부탁하면 몇 분 만에 수십 페이지를 읽곤 했습니다. 제가 보기에 그 비결은 평소 책을 많이 읽는 것이었어요. 브라이언 자신도 책 읽기의 중요성을 여러 번 강조했고요.

"책을 보고서 얻을 수 있는 게 굉장히 많아. 책을 보면 생각이 바뀌고, 생각이 바뀌면 세상을 보는 눈이 바뀌고, 세상을 보는 눈이 바뀌면 네 행동이 바뀔 거야."

헐먼은 제가 만난 미국인 친구들 중 가장 신중한 성격이었습니다. 워낙 신중하다 보니 사회 문제에 대해서도 깊이 있는 시각을 가지고 있었죠. 한번은 제가 미국에는 노숙자가 너무 많다고 불평하자 헐먼이 저를 붙잡고 말했다.

"그건 노숙자들만의 잘못이 아니야. 미국의 역사와 불평등 탓이 크지."

그날 헐먼은 미국이 어떻게 해서 지금과 같은 다인종 사회가 되었는지, 미국에서 유색인종과 소수민족이 어떤 어려움을 겪고 있는지 밤을 꼬박 새워 설명해 주었습니다.

엔젤은 인종과 나이를 가리지 않고 다양한 사람들을 친구로 만드는 능력의 소유자였습니다. 엔젤의 친구들 중에는 60대 할아버지도 있더군요. 저보다 두 살이 적었지만 엔젤은 저와도 역시 친한 친구로 지냈습니다.

"헤이, 왕국! 우리 복싱할까? 아니면 레슬링 어때?"

"왕국, 내가 고민이 생겼어. 내 고민 좀 들어 봐 줄래?"

저는 브라이언처럼 책 읽는 습관을 들이려고 노력했습니다. 그럴수록 브라이언의 말대로 제 생각이 바뀌고 결과적으로 제 행동도 바뀌는 것을 경험할 수 있었습니다.

헐먼을 보며 저는 말 한마디도 신중하게 하려고 노력했습니다. 그리고 사회적 현상 이면에 어떤 구조적 문제가 있는지 한 번 더 고민해 보게 되었습니다.

한국식 서열 문화에 익숙하던 저는 엔젤의 태도가 처음에는 어색했습니다. 하지만 엔젤과 어울릴수록 사람을 나이로 평가하는 것은 잘못임을 깨달았습니다.

이 친구들 모두 제게는 단순한 친구를 넘어 참 좋은 스승들이었습니다.

⊛ 영어가 주는 선물을 만나라

워렌 버핏은 자신보다 뛰어난 사람들을 옆에 두라고 말했죠. 워렌 버핏이 말한 '자신보다 뛰어난 사람'이 학력이 높은 사람이나 돈이 많은 사람을 의미하지는 않을 겁니다. 어떤 사람으로부터 무언가 깨달음을 얻을 수 있다면 그 사람은 나 자신보다 뛰어난 사람이겠죠.

영어는 제가 더 넓은 세상을 만나도록 해 주었습니다. 넓은 세상으로 나아가 보니 세상에는 제게 새로운 깨달음을 주는 사람들이 참 많더군요.

그 많은 사람들 덕분에 저는 제가 갇혀 있던 편견을 깨고 새로운 삶의 태도를 가질 수 있었습니다. 워렛 버핏의 말대로, 그 사람들의 모든 것에 영향을 받았고 조금씩 닮아 간 셈입니다.

제가 영어로부터 받은 가장 큰 선물은 세계적 명문대 학생이 되었다는 것이 아닙니다. 더 넓은 세상으로 나아가 뛰어난 사람들을 만나게 된 것, 바로 이것이 영어가 제게 선사한 가장 큰 선물입니다.

저는 여러분도 그 선물을 받게 되시길 바랍니다. 제가 그랬듯이 영화 씹어먹기를 통해서라면, 여러분도 영어가 주는 선물을 받으실 수 있습니다.

넘어졌어도
다시 일어나
영어에 도전하라

　지금까지 제 이야기를 읽은 분들은 이렇게 생각하실 수도 있을 것 같아요. 제가 적어도 영어 공부에서만큼은 별다른 실패를 겪어 본 적이 없다고요. 하지만 사실은 그렇지 않습니다. 저도 여러 번 시행착오를 겪었는걸요.

　자퇴 후 처음으로 영어 공부를 해 보려 했을 때는 영어 문장만 달달 외우는 교재를 샀다가 금세 덮고 말았습니다. 영화 씹어먹기를 시작한 다음에도 애니메이션에서 일반 영화로 넘어갈 때 나름의 어려움이 있었고요.

　그중에서 제 영어 공부 인생 최대의 해프닝으로 남은 그 일을 고백하려 합니다.

✿ 한밤의 가출 소동

영화를 통해 영어를 공부하기로 결심한 저는 그런 방식으로 가르치는 전문 학원을 찾아보았습니다. 딱 적당해 보이는 학원을 찾긴 찾았는데 문제가 좀 있었습니다. 그 학원은 서울과 부산에 위치해 있더군요. 어느 쪽이든 제가 사는 제천에서 매일 왔다 갔다 할 수 있는 거리는 아니죠.

서울은 이미 정원이 다 찼고 부산에만 자리가 남아 있었습니다. 즉, 그 학원에 다니기 위해서는 부산에 살아야 한다는 뜻이었죠.

하지만 제게 이런 것쯤은 사소한 문제들로 보였습니다. 학원을 찾아낸 바로 그날 저녁 부모님에게 말씀드렸습니다.

"부산에 있는 영어 학원에 보내 주세요."

부모님은 황당하다는 표정을 지으셨죠. 놀란 아버지는 거의 소리를 지르다시피 하셨습니다.

"부산에 아는 친척 한 명 없는데 집은 어떻게 구할 셈이냐? 학원비며 생활비며 그 비용은 다 어떻게 대고? 네가 나중에 그 돈 다 갚을 거야?"

어머니도 말리셨습니다.

"꼭 그렇게까지 안 해도 공부할 수 있잖니. 그건 안 돼."

아들이 난데없이 하루 종일 영화를 보면서 영어를 공부하겠다니, 그것도 굳이 부산까지 가서 학원을 다니겠다니, 부모님으로서는 당연한 반응이었죠. 하지만 반드시 그 학원에 가야만 한다는 생각에 단단히 사로잡혀 있던 저는 부모님에게 심통이 났습니다. 제 분에 못 이겨 문을 박차고 밖으로 나갔죠.

막상 집을 나오니 갈 만한 장소가 없더라고요. 무작정 걷다가 눈에 띄는 사우나에 들어갔습니다. 한참을 탕 속에 몸을 담그고 있다가 나와 사우나 한편에 누웠습니다. 어릴 적에는 내가 나중에 큰 인물이 될 줄 알았는데, 현실은 왜 이렇게 초라하기만 한 걸까……. 머릿속이 복잡했습니다. 혼자서 이렇게 중얼거리다 까무룩 잠들어 버렸습니다.

시간이 얼마나 흘렀을까요. 울먹이는 목소리에 눈을 떴습니다.

"왕국아, 왕국아, 너 여기 이러고 있으면 어떡해. 엄마랑 집에 가자, 응?"

어머니였습니다. 어느새 다음 날 아침이 되어 있더군요. 사우나에서 밤새 잔 겁니다. 어머니를 따라 집에 들어갔더니 아버지가 나지막이 말씀하셨습니다.

"어제 널 찾아서 온 동네를 돌아다녔다. 네 엄마는 밤새도록 울고불고 난리도 아니었어."

부모님에게 너무 죄송한 마음이었지만 제 뜻을 꺾을 수는 없었습니다. 결국 저는 부산에 가도 좋다는 허락을 받아 냈습니다.

🎞 부산에서의 영어 공부, 대실패로 끝나다

아버지와 함께 부산에 갔습니다. 공부하는 데 필요한 노트북을 샀습니다. 난생 처음 가져 보는 노트북이었습니다. 머물 하숙집도 정했습니다.

"그럼, 열심히 해라."

이 말씀을 남기고 아버지는 제천으로 돌아가셨습니다. 그날부터 제 부산 생활이 본격적으로 시작되었습니다.

규칙적인 나날이었죠. 아침 6시 30분에 일어나 씻고 밥 먹고 9시까지 학원에 갔습니다. 오전에는 반별로 나뉘어 애니메이션을 보고 듣기를 연습했습니다. 애니메이션 대사를 자막 없이 듣고 어떤 문장인지 받아 적어야 했습니다. 오후에는 다 같이 모여서 좀 더 난이도가 높은 애니메이션으로 듣기를 연습했습니다. 나머지 시간에는 영어 발음하기, 영영 사전 보며 영어 뉴스 이해하기를 연습했습니다. 수업을 마친 후에도 밤늦게까지 남아 공부하다 하숙집으로 돌아갔습니다.

하루는 주말에 광안리를 걸어가고 있는데 갑자기 영어가 들려왔습니다. I did not do that. 그런데 고개를 돌려 보니 평범한 한국 사람들이 한국말로 이야기하고 있더라고요. 하도 영어에만 몰두하다 보니 멀쩡한 한국말마저 영어로 착각해서 들린 겁니다.

이렇게나 공부했으면 영어 실력이 쑥쑥 늘어야 마땅하잖아요.

그런데 그렇지 않더라고요.

물론 학원에 막 다니기 시작했을 때보다는 영화 대사가 들리긴 했지만 두 달 동안의 노력을 감안하면 턱없이 미흡했습니다. 답답하기 짝이 없었죠.

무언가 잘못되어 가고 있었습니다. 이건 아니었습니다. 학원을 그만둬야겠다는 생각이 들었습니다.

그길로 부산 생활을 정리하고 다시 제천의 집으로 돌아갔습니다. 부산에 처음 간 날로부터 두 달 만이었습니다.

가출 소동까지 벌이며 부산에 간 아들이 중도 포기를 선언하다니 부모님은 실망한 눈치였습니다. 하지만 대놓고 뭐라 하지는 않으셨습니다. 더 이상 비싼 학원비를 지출하지 않아도 되기 때문이었는지, 아니면 그래도 아들을 믿으셨기 때문이었는지 잘 모르겠네요.

✥ 포기하지 마라, 실패에서 배워라

하지만 제가 중도 포기한 것은 부산의 그 영어 학원이지 영어 그 자체가 아니었습니다. 영어를 향한 의지는 오히려 더욱 활활 타올랐는걸요.

부산행은 결과만 보면 대실패가 맞습니다. 하지만 결과가 아니라 과정으로 보면 이야기가 달라집니다.

학원을 다니며 실제로 영화를 통해 영어 공부를 해 보니, 어떤 순서대로 공부해야 하는지, 공부하는 동안 어떤 점들을 유의해야 하는지 파악이 되더군요. 굳이 비싼 돈 들여 학원을 다니지 않고도 집에서 저 혼자 할 수 있겠다는 자신이 생겼습니다. 오히려 학원의 방식에서 미흡했던 부분을 보완해 저 나름의 방식을 세워서 더 효과적으로 공부할 수 있겠다는 확신이 들었습니다. 그렇게 해서 탄생한 것이 바로 영화 씹어먹기입니다.

제천의 집으로 돌아온 후, 저는 곧 집에서 영화 씹어먹기를 시작했습니다. 학원을 다닐 때는 두 달 동안 큰 진전이 없었는데, 이번에는 두 달 만에 애니메이션 대사가 확연히 들리기 시작했고 여섯 달 만에 영어 귀가 완전히 트였습니다.

실패했다고 그냥 포기했더라면, 실패를 거치며 더 좋은 방식을 찾아내지 못했더라면 제가 영어 정복이라는 결과를 맛볼 수 있었을까요. 아마도 아닐 겁니다.

지금까지 영어에서 자꾸자꾸 여러 번 실패하셨다고요? 이번에도 또 실패할 것 같다고요? 그 실패의 원인이 무엇인가 고민하지 않고, 이 방법 저 방법 유행을 좇느라 바쁘기만 한 것은 아닐까요. 어째서 실패했는지 그 원인을 따져 보면 영어 정복의 진짜 길이 보입니다.

인생을 바꾸는
영어 책 읽기

영어 듣기와 말하기, 이제 어느 정도 자신이 생기시나요? 이쯤해서 저는 독자 여러분께 질문을 하나 던지고 싶습니다. 지금까지 여러분은 영어의 듣기, 말하기, 읽기, 쓰기 중 어떤 것이 가장 자신있으셨나요? 아마도 한국 사람들이 가장 자신 있어 하는 영어 읽기가 아닐까 싶습니다. 학창 시절 문법과 단어 암기 위주로 공부한 결과이기도 하죠.

지금까지 우리는 한글 자막이 없으면 할리우드 영화 대사를 거의 알아듣지 못하지만, 또 원어민 앞에서 제대로 말하기 힘들지만, 그래도 영자 신문이나 원서는 상당히 잘 읽을 수 있습니다. 여러분 중에도 많은 분들이 그럴 겁니다.

근데 그게 정말 읽기를 잘하는 것인지 궁금합니다. 혹시 읽기가 아니라 해석을 잘하는 것은 아닐까요?

영어 읽기를 잘한다는 것은 영어 문장을 읽으면서 한국어를 전혀 떠올리지 않고 곧장 이해하는 것입니다. 한 문장 읽고 해석하고, 또 한 문장 읽고 해석하고…… 이렇게 하기보단 문장들을 죽죽 읽어 내려가는 것과 동시에 뜻을 이해합니다.

영어 책을 읽는 속도가 한국어 책을 읽는 속도보다 느린가요? 그렇다면 읽기가 아니라 해석을 하고 있을 가능성이 큽니다. 영화 한 편 씹어먹기로 듣기, 말하기가 능숙해졌다면 이제 영어 읽기 능력도 높여 봅시다.

📖 해석은 금물! 영어 그대로 받아들이기

읽기 훈련의 시작은 굳이 숨은 뜻을 생각할 필요가 없는 글로 시작하는 것이 좋습니다. 생각할 필요가 없다는 말은 읽으면서 '이 문장의 함의는 무엇일까' '저자는 어떤 의도로 이런 표현을 쓰는 걸까' 하고 골똘히 생각하지 않아도 된다는 것을 말해요.

이런 종류의 글로는 영화 대본, 청소년 소설, 얇은 자기계발서 등이 있죠. 여러분은 학창 시절에 이미 문법과 단어를 열심히 익혔거나, 영화 씹어먹기를 통해 문법과 단어를 익힌 상태일 거예요. 그렇다면 이 정도 글들은 문법이나 단어에 대한 어려움 없이 읽을 수 있습니다.

글을 읽으면서 한국어로 해석하려 하지 마세요. 한국어를 떠올리지 마세요. 한국어가 읽기를 방해하게 하지 마세요. 그저 영어 그대로 받아들이세요.

읽으면서 바로바로 이해할 수 있어야 합니다. 영화 대사를 바로바로 알아듣고, 질문에 영어로 바로바로 대답하고, 영어 글을 바로바로 이해하고. '바로바로'가 이렇게 중요합니다. 바로바로 한다는 것은 곧 우리 뇌가 그 언어를 절차적 기억으로 만들어 운동 피질에 저장했다는 것을 의미하니까요.

이 훈련을 하다 보면 나중에는 영어 읽기와 한국어 읽기의 차이를 거의 느끼지 못하게 됩니다. 영어가 그냥 읽히는 것이죠.

📖 나를 생각하게 만드는 글

바로바로 읽는 것에 익숙해졌다면 다음 단계로 넘어가세요. 생각할 필요가 있는 글을 읽을 차례입니다.

한국어 글들 중에도 읽다 보면 밑줄 치게 되고, 자신의 경험을 되돌아보게 되고, 자신의 미래를 상상해 보게 되는 글이 있잖아요. 영어에도 당연히 이런 글들이 있습니다.

아무래도 이런 글은 문장이 좀 더 복잡하고 그 분야의 전문 용어들이 등장할 가능성도 큽니다. 그래서 이런 글을 많이 읽으면 독해력과 어휘력이 높아집니다. 한국 사람들은 모두 한국어를 유창하게 듣고 말하지만 한국어 독해력과 한국어 어휘력은 사람마다 차이가 있잖아요. 평소 글을 많이 읽는 사람이 독해력과 어휘력이 월등히 높기 마련입니다.

분야는 다양합니다. 소설, 에세이, 인문, 경영, 자기계발, 종교……. 책도 좋고 연설문이나 칼럼도 좋습니다. 여러분이 관심 가는 분야의 글, 여러분의 가슴에 와 닿는 글, 여러분이 살아가는 데 도움이 될 만한 글을 선택하세요.

그런 글이 여러분의 인생을 바꿀 수도 있습니다. '책이 사람을 만든다'는 말도 있잖아요. 그만큼 글의 힘은 강력하다는 것이겠죠.

저는 성공한 경영인들을 다룬 책이나 그들의 연설문을 많이 읽었습니다. 그중에서도 특히 감동적이었던 글이 있습니다. 바로 스티브 잡스의 스탠포드 대학 졸업식 연설문입니다. 우리나라에도 잘 알려져 있죠. 영상으로 보아도 감동적이지만 글로 보며 그 의미를 곱씹어 보면 더욱 감동적입니다.

특히나 제 가슴에 와서 꽂힌 부분은 바로 이 구절입니다. 이 구절은 제 인생을 바꾼 정도는 아니더라도 제 인생에 새로운 의욕을 불어넣어 주었습니다.

한국어 번역문은 일부러 싣지 않았습니다. 영어 그대로 이 글을 음미해 보세요.

"Your time is limited, so don't waste it living someone else's life. Don't be trapped by dogma — which is living with the results of other people's thinking. Don't let the noise of others' opinions drown out your own inner voice. And most important, have the courage to follow your heart and intuition. They somehow already know what you truly want to become. Everything else is secondary."

생각할 필요가 있는 글을 읽는 것에도 익숙해지셨나요? 한국어 글을 읽는 것과 다름없이 읽으시나요? 그렇다면 평소 익숙하지 않았던 분야의 글들로 조금씩조금씩 범위를 넓혀 보세요. 다양한 분야의 글을 읽으면 한쪽에만 치우치지 않고 폭넓은 지식과 지혜를 얻을 수 있으니까요. 요즘 저는 영어 읽기로 사고력 늘리기를 하는 중이랍니다.

영어 쓰기를 잘하는
진짜 비법, 사고력

미국에서 대학을 다닐 때 한국인 유학생들의 글쓰기 숙제를 종종 도와 주었습니다. 뒤늦게 영화 씹어먹기로 문법과 단어를 익힌 저와 달리 학창 시절 착실하게 문법과 단어를 공부한 학생들이었습니다.

그런데 이들이 쓴 글을 보면 좀 기이한 느낌이 들었습니다. 문법적으로는 딱히 틀렸다고 할 만한 것이 없었습니다. 단어의 스펠링도 틀린 것이 없 었습니다. 그런데도 어딘지 어색한 글이었습니다.

한국 사람들이 영어 읽기 다음으로 자신있어 하는 것이 영어 쓰기일 겁 니다. 그 이유 역시 문법과 단어에는 익숙하기 때문이죠. 그런데도 어색 한 글을 쓰는 것은 어째서일까요? 어떻게 해야 영어 쓰기를 잘할 수 있 을까요?

📖 쓰기와 듣기의 관계

한번은 한국인 유학생의 숙제를 봐주다가 'I study about history'라는 문장을 발견했습니다.

"이건 about을 빼고 I study American history라고 고쳐야 돼."

"왜? 문법적으로 틀린 거야?"

"그냥 그게 더 자연스러워."

"문법적으로는 문제없는 것 같은데?"

"이상해. 미국 사람들은 그런 표현 안 써."

그는 미국인 친구를 붙잡고 물어보았습니다. 하지만 미국인 친구도 그저 이렇게 말할 뿐이었죠.

"It just doesn't sound natural to me! (그냥 나한테 자연스럽게 들리질 않아)"

한국말로 하면 '나는 미국 역사를 공부한다'라고 하든 '나는 미국 역사에 대해 공부한다'라고 하든 별 차이가 없습니다. 하지만 영어에서 후자는 어색한 표현이 됩니다.

반대로 생각해 보세요. 애니메이션 〈라푼젤〉 오프닝 부분의 대사 중 "And the truth is: it isn't even mine"이 있죠. 한국어 자막은 "그리고 사실은 제 이야기도 아니에요"입니다. 그런데 원어민이 "그리고 사실은 그것은 나의 것도 아니에요"라고 번역한다면? 그러고서는 문법적으로는 틀린 게 없지 않느냐며 우긴다면? "한국 사람은 그렇게 말 안 해"라고밖에 할 수 없지 않겠습니까.

많은 사람들이 영어 쓰기에서 약한 부분이 바로 이것입니다. 문법만 따지다가 정작 자연스러운 표현을 쓰지 못하는 것이죠. 문법적으로 틀리지 않은 문장이 곧 자연스러운 문장인 것은 아닙니다.

그래서 영어 쓰기를 잘하기 위해 꼭 필요한 것은 영어 듣기입니다. 영어 듣기가 되어야 원어민들이 평소에 쓰는 진짜 영어에 익숙해질 수 있고, 그래야 자연스러운 영어 문장들로 이루어진 글을 쓸 수 있습니다.

제가 뒤늦게 영어를 배웠음에도 다른 한국인 유학생들의 글쓰기를 도와줄 수 있었던 것도 바로 그래서였습니다. 영화 씹어먹기로 영어 듣기 훈련을 하며 진짜 영어를 익혔기 때문이었던 것이죠.

📖 사고력을 키워라

그런데 제가 도와준 글쓰기 숙제들 중에는 자연스러운 영어 문장만 가득한데도 여전히 어색한 글이 있습니다. 잘 살펴보면 이런 문제들이었습니다. 서론·본론·결론의 흐름이 비논리적이거나, 전제와 동떨어진 엉뚱한 결론을 내고 있거나, 주제에 대해 겉핥기만 하고 알맹이가 없거나, 글쓴이의 생각이 보이지 않거나······.

그런 반면, 글쓰기 숙제에서 미국인 학생들보다 더 좋은 점수를 받는 유학생들도 있었습니다. 이참에 제 자랑을 하자면, 저도 그중 한 명이었죠. 무엇이 이 차이를 만들었을까요?

먼저 이 질문을 던지고 싶습니다. 잘 쓴 글이란 어떤 글을 의미할까요? 이에 대한 정의는 여러 가지가 있겠죠. 책 성격에 따라 달라지기도 할 테고요. 하지만 최소한, 논리성을 갖추고 있고 글쓴이의 관점이 담겨 있어야 좋은 글이 아닐까요?

그래서 글을 잘 쓰기 위해서는 언어적 능력 외에 또 한 가지가 필요합니다. 그것은 바로 사고력입니다. 영어 쓰기에서도 예외가 아닙니다.

사고력을 키워 주는 대표적인 방법 세 가지를 알려 드릴게요. 실제로 제가 대학에서 공부하는 동안 사용한 방법들이기도 합니다.

1. 다양한 글을 읽어서 시야를 넓힌다.

앞에서 영어 읽기를 다루며 말씀드린 것과 일맥상통하는 방법이죠. 머릿속에 지식과 지혜가 많아지면 그만큼 사고력도 커지기 마련입니다.

2. 주위 사람들과 자주 토론을 한다

꼭 심각한 주제가 아니어도 상관없습니다. 토론 그 자체를 즐겨 보세요. 자신의 입장만 내세우지 말고 다른 사람들의 생각도 들어야겠죠. 여러 사람들의 다양한 관점과 의견을 분석해 보고, 자신의 생각과 어떤 점이 같고 어떤 점이 다른지 비교해 보세요.

3. 항상 비판적으로 생각하는 태도를 갖는다

글을 읽을 때, 뉴스나 강연을 볼 때, 그대로 받아들이지 말고 한 번더 생각해 보세요. 이 주장의 근거는 무엇이고 배경은 무엇일까 스스로에게 질문을 던져 보세요.

이 세 가지 방법은 영어 공부를 하는 분이 아니더라도 살아가면서 필요한 것들이죠. 정말 많은 도움이 될 거라고 제가 장담합니다. 꼭 실천해 보시기 바랍니다.

UC버클리 편입 에세이 주제들로 영어 쓰기 연습하기

📖 미국의 대입이나 편입에서는 일종의 논술이라 할 수 있는 에 세이가 높은 비중을 차지합니다. 성적이 낮은 학생이 에세이 를 잘 써서 명문대에 붙은 경우도 종종 볼 수 있습니다. 제가 UC버클리에 제출해야 하는 에세이는 다음 두 주제에 대한 것이었습니다. 여러분도 이 주제들에 대해 영어로 에세이를 작성해 보세요.

1. What is your intended major? Discuss how your interest in the subject developed and describe any experience you have had in the field – such as volunteer work, internships and employment, participation in student organizations and activities – and what you have gained from your involvement.

   당신이 하려는 전공은 무엇인가요? 그 전공에 대한 당신의 흥미가 어떻게 발전되어 왔는지 논하십시오. 그리고 당신이 그 분야에서 무 엇을 경험했는지(예를 들어 봉사 활동, 인턴십, 취업, 학생 단체 활동 참가), 당 신이 그것을 통해서 무엇을 얻었는지 서술하십시오.

2. Tell us about a personal quality, talent, accomplishment, contribution or experience that is important to you. What about this quality or accomplishment makes you proud and how does it relate to the person you are?

당신 자신에게 중요한 개인적 특성, 재능, 성과, 기여 또는 경험에 대해서 이야기하십시오. 이러한 특성과 성취가 어떻게 당신에게 자부심을 주나요? 그리고 그것이 어떻게 당신이란 사람과 연관되나요?

제가 썼던 에세이 내용을 요약해 놓았습니다.
여러분이 쓴 것과 비교해 보세요.

1. 제가 원하는 전공인 경제학은 제가 관심 있는 분야인 영어 교육과 연관성이 깊습니다. 제가 영어를 공부한 방법은 기존의 한국식 영어 공부 방법들과 다르기 때문에 블루오션(무경쟁시장)과 연결 지을 수 있습니다. 또한 기존의 방법들보다 효율적이기 때문에 경제학의 주요 개념인 효율성과도 연결 지을 수 있습니다.

2. 저는 도전 정신을 가지고 살아왔습니다. 영어를 정복하기 위해 저만의 방법을 고안해 내고 하루 종일 영화를 보는 등 모든 노력을 기울인 것이 대표적인 예입니다. 또한 다들 불가능하다는 상황에서도 미국 비자를 받아 내는 데 성공했고, 일부러 명문대생들만 사는 집에 들어가 혼자 편입 준비생으로서 살았습니다. 저는 앞으로도 끊임없이 도전해 나갈 것입니다.

영어를 도구로
널리 뻗어나가세요

이 책을 내기까지 감사한 분들이 참 많습니다.

먼저 부모님께 꼭 감사하다는 말을 전하고 싶습니다. 아버지는 직업을 12차례 가까이 바꾸는 어려운 상황에서도 선조들과 성공한 사람들에 대한 이야기를 들려주시며 저의 반항심이 도전의식과 모험심으로 바뀔 수 있도록 도와주셨습니다. 어머니는 늘 성경책을 가까이하시며 저의 건강한 인격 형성에 힘써 주셨습니다. 현석이 형은 제가 선택의 기로에 설 때마다 값진 조언들로 제 인생의 많은 부분들을 변화시켰습니다.

제게 출간 기회를 주신 다산북스 김선식 대표님께도 감사의 말씀을 전하고 싶습니다. 대표님은 제가 한국에 나와서 만난 사람중 가장 멋진 분이셨습니다. 물질적인 성공보다도 사람들의 인생에 진정한 변화를 줄 수 있는 일을 하는 것이 더 중요하다는 사실을 깨닫게 해주셨습니다. 많은 이들이 성공만을 향해 경쟁하는 시대에 김선식 대표님 같은 분은 참 귀한 존재라는 생각을 했습니다. 정성을 다해서 편집해 주신 이여홍 과장님과 임직원 분들께도 감사드립니다. 작은 부분까지도 세밀하게 신경 써 주셔서 더 나은 책으로 독자 분들께 다가갈 수 있게 되었습니다.

얼마 전 저는 우연히 배우 김명민 씨가 JTBC 방송에 나와 인터뷰하는 영상을 봤습니다. KBS 〈불멸의 이순신〉으로 일약 스타가 된 김명민 씨도 한때 배우 생활이 무척 힘들었다고 고백하더군요. 〈불멸의 이순신〉에서 배역을 맡지 못했다면 뉴질랜드로 이민을 떠나 사업을 하려고 했다는 말을 덧붙이면서요. 자세한 내용을 제가 다 알 수는 없지만 영어권 국가에서 사업을 하려고 했으니 당연히 영어를 배워야 했겠죠?

이 인터뷰 영상은 저에게 많은 생각을 하게 했습니다. 많은 사람들이 영어를 필요로 한다는 사실을 알게 되었고, 또 영어를 통해 만들어질 가치가 굉장하다는 것도 새삼 느꼈습니다.

그래서인지 저는 영어를 가르칠 때 행복을 느낍니다. 영어를 가르친다는 그 사실만 보면 작은 일같이 느껴질 수도 있지만 누군가의 목표를 이루는 과정에 동참한다는 관점에서 보면 큰 의미가 있기 때문입니다.

영어를 배우는 사람은 정말 다양합니다. 여행을 하면서 세계인들과 자유롭게 소통을 하고 싶다는 아주머니, 해외 대학에 입학해서 국제 사회의 인재가 되고 싶다는 학생, 외국 회사에 취직을 해서 역량을 맘껏 발휘하고 싶다는 직장인, 해외로 진출해서 더 규모 있는 사업을 하고 싶다는 사장님 등 수많은 이들이 각자의 꿈을 이루기 위해 영어를 배웁니다.

이 책을 통해 영어라는 도구를 통해 목표하는 바를 성취하고자 하는 많은 이들에게 조금이라도 도움이 되고 싶습니다. 영어를 갈망하고 있는 모든 한국 사람들이 영어를 모국어와 같이 구사하고 세계에서 자신의 가치를 인정받는 날이 오기를 진심으로 희망합니다.

저자 신왕국

영화 〈킹콩〉으로 영어 씹어먹기를 연습하실 수 있도록 대본 일부와 강의 일부를 무료로 드립니다. 대본은 아래 내용에서 확인하실 수 있으며 강의는 코어소리영어 홈페이지(www.coresoundenglish.com)에서 확인하실 수 있습니다.

scene 1

STEP 1 강의를 들으며 발성, 강세 및 리듬 익히기
STEP 2 원음 파일을 총 10회 듣고 강의에서 배운 내용 확인하기
STEP 3 원음 파일을 듣고 동시에 따라하기 훈련하기

- **Hey, open up!**

  저기요, 문 열어요!

- **We work here. Not anymore, lady.**

  우리 여기서 일해요. 더 이상은 아니죠, 여성분.

- **It's all right for you.**

  당신한테는 괜찮겠지.

scene 2

STEP 1 강의를 들으며 발성, 강세 및 리듬 익히기
STEP 2 원음 파일을 총 10회 듣고 강의에서 배운 내용 확인하기
STEP 3 원음 파일을 듣고 동시에 따라하기 훈련하기

- **Vaudeville, huh?**

  바드빌 이라고요?

- **I worked vaudeville once.**

  나도 한때 바드빌에서 일한 적이 있지.

- **That is a tough audience.**

  굉장히 어려운 관객이에요.

scene 3

STEP 1 강의를 들으며 발성, 강세 및 리듬 익히기
STEP 2 원음 파일을 총 10회 듣고 강의에서 배운 내용 확인하기
STEP 3 원음 파일을 듣고 동시에 따라하기 훈련하기

- **Jimmy, do a head count.**

  지미, 머릿수 세어 봐.

- **want to know how many are injured and how bad.**

  부상당한 인원이 얼마나 되는지 점검해서 알려줘.

- **Injured?**

  부상이요?

scene 4

STEP 1 강의를 들으며 발성, 강세 및 리듬 익히기
STEP 2 원음 파일을 총 10회 듣고 강의에서 배운 내용 확인하기
STEP 3 원음 파일을 듣고 동시에 따라하기 훈련하기

- **No! I said no!**

  싫어! 싫다고 했지!

- **That's all there is.**

  그게 전부야.

- **There isn't any more.**

  더 이상은 없어.

코어소리영어
교육철학

　저는 영화를 통해서 영어를 정복할 수 있었고, 그 실력을 바탕으로 UC버클리라는 명문대에도 합격할 수 있었습니다. 또한 미국 학생들과 에세이 쓰기로 치열하게 경쟁을 하면서도 밀리지 않는 실력을 얻을 수 있었습니다.

　미국에서 유학을 하는 우리나라 학생들조차 영어 듣기와 말하기가 부족해서 과외를 받는 모습을 보고 충격을 받은 사건이 큰 계기가 되어 온라인 영어 교육 활동을 시작했습니다. 한국으로 돌아온 후에는 코어소리영어라는 온라인 교육 사이트를 열어 듣기와 말하기 위주의 학습법을 전파하려 힘쓰고 있습니다.

　코어소리영어에서 가장 중요시하는 핵심은 영어를 한국어와 같은 언어로 바라봐야 한다는 것입니다. 문법이나 단어에 초점을 맞추는 것이 아닌 영어를 의사소통의 도구로서 바라보고 그렇게 쓸 때, 독자분들의 인생을 바꿀 수 있는 많은 기회가 생기고 삶의 지평을 넓힐 수 있다고 믿습니다.

한국에서 영어 교육 활동을 시작하면서 새롭게 알게 된 사실 중 하나는 생각보다 많은 사람들이 영어 교육 자체에 잘못된 생각을 가지고 있다는 점입니다. 초등학교때부터 시작되는 문법과 단어 암기 중심 교육에 젖어서 자신도 모르게 많은 문법이나 단어를 알면 자연스럽게 영어 실력이 향상될 수 있다고 믿게 된거죠.

제가 영화를 통해 영어를 익히고 수많은 영어 고수들의 영어 학습법에 대해서 연구한 결과 영어 실력을 단기간에 늘린 학생들은 아기가 배우는 방식 그대로 훈련을 한 경우가 가장 많았습니다. 굉장히 이해하기 쉬우면서도 많은 사람들이 간과하는 부분이지요.

아기들은 태어나서 처음으로 엄마의 말을 듣고 그 소리를 한 글자씩 입으로 천천히 따라 하면서 언어에 점점 익숙해집니다. 익숙해진 소리들이 점점 많아지면 그 후에 의사소통을 통해 어휘력이 기하급수적으로 향상됩니다. 어휘력이 충분히 향상된 이후에는 읽기와 쓰기를 시작합니다. 듣기가 가장 먼저이고 말하기, 읽기, 쓰기 순으로 배웁니다.

아기와 마찬가지로 성인들 역시 특별한 기술이나 재능이 없어도 누구나 언어를 학습할 수 있습니다. 들을 수 있고 말할 수 있으면 누구나 다 익힐 수 있습니다. 많은 사람들이 간과하는 매우 중요한 진리는 '언어는 귀와 입으로 하는 것'이라는 사실입니다. 한국은 일본의 영어 교육 방식을 그대로 답습했기 때문에 문법과 단어에 치중한 교육을 했고 이러한 교육방식이 수많은 사람들을 영어 벙어리로 만들었습니다.

코어소리영어에서는 우리나라 사람들에게 친숙한 영어 애니메이션과 영화를 통해서 '듣고 말하는 영어'에 더 많은 사람들이 익숙해질 수 있도록 돕고 있습니다. 한국어와는 달리 영어를 훈련하기 위해 영어 소리의 3가지 특성인 발성, 강세, 리듬을 교육하고 영어 문장을 그림자처럼 따라하는 쉐도잉shadowing기법을 사용해 많은 학생들의 영어 실력이 단기간에 향상되었습니다.

지금도 영어 실력을 키우기 위해 많은 비용을 지출하고 해외로 떠나는 학생들이 늘고 있지만 실제로 영어를 잘하게 되는 학생은 소수에 불과합니다. 애니메이션과 영화를 이용해서 훈련을 하면 소리에 온전히 집중할 수 있기 때문에 어학연수를 가는 것보다 더 많은 효과를 볼 수 있습니다. 영어는 한국어와 같은 언어이고 언어를 배우는 방식은 귀와 입으로 훈련하는 게 가장 핵심이라는 것, 그것을 알 때 시험 등의 평가수단이 아닌 실생활에서 바로 쓸 수 있는 의사 소통의 도구로서 언어를 습득하고 사용할 수 있습니다. 이러한 단순한 진리가 코어소리영어를 통해서 더 많은 사람들에게 알려져 영화와 드라마, 즉 살아 있는 진짜 영어를 통해서 영어를 배우는 사람들이 늘어나길 바랍니다.

코어소리영어
커리큘럼

코어소리영어는 애니메이션 강의, 영화실전 강의, 1000 완성 등 총 3개로 구성되어 있습니다.

애니메이션은 400 문장, 영화실전은 500 문장, 1000 완성은 100 문장으로 구성되어 있기 때문에 강의를 모두 마치면 1000문 장을 온전히 자신의 것으로 만들 수 있습니다.

애니메이션 강의
가장 처음 시작하기를 추천드리는 강의는 애니메이션입니다.

애니메이션은 3가지의 이유로 처음 훈련할 때 큰 도움이 됩니다. 첫 번째, 애니메이션은 영화에 비해서 소리가 선명하기 때문에 훈련하기에 좋습니다. 영화는 다양한 배우들이 출연해 여러 엑센트가 들리지만 애니메이션의 경우 영화보다는 적은 수의 성우가 녹음을 하기 때문에 초보자들이 소리를 듣기가 쉽습니다. 처음 훈련을 시작할 때는 영어 소리에 익숙해져야 하기 때문에 애니메이션이 적합합니다.

두 번째, 애니메이션은 단어나 문법이 비교적 쉽고 간단해서 의미 파악 훈련에 큰 도움이 됩니다. 초보자의 경우 소리를 들을 수 있어도 의미가 바로 와닿지 않아 어려움을 겪는데 이러한 문제를 해결하는 데 매우 큰 도움이 됩니다.

마지막으로, 애니메이션에서 나오는 단어는 일상생활과 관련이 높아 영어를 한국어처럼 직관적으로 받아들이는 데 큰 도움이 됩니다. 예를 들어 'angry'라는 단어가 애니메이션에서 나오면 캐릭터의 머리에서 불이 나는 분명한 상황이 주어지기 때문에 '화난'이라는 의미를 별도의 한국어 해석 없이 바로 파악할 수 있습니다. 400개의 문장과 다양한 애니메이션 장면들을 학습하므로 영어 듣기를 아기처럼 하는 데 매우 큰 효과가 있습니다.

강의수

- 총 96강

난이도

- 초급

강의특징

- 애니메이션 문장을 소리의 3요소(발성, 강세, 리듬)로 분석합니다.
- 동시통역사들의 최고의 방법인 쉐도잉 기법으로 트레이닝합니다.
- 전문 훈련 프로그램을 이용해 영어를 체화합니다.

강의대상

- 애니메이션을 배워 영어에서 자유로워지고 싶으신 분
- 텔레비전에 나오는 다양한 애니메이션들을 자막 없이 보고 싶으신 분
- 암기 없이 수백 문장으로 단어나 문법 없이 영어를 하고 싶으신 분
- 영화로 어떻게 훈련해야 할지 엄두가 안 나는 분

훈련분량

- 총 400개 이상의 문장을 해석 없이 한국어처럼 듣기 훈련을 합니다.

훈련 후 기대할 수 있는 점

- 원어민과 동일한 소리를 낼 수 있게 됩니다.
- 애니메이션을 자막 없이 시청할 수 있게 됩니다.

영화실전 강의

애니메이션 훈련을 마친 이후에는 영화실전 강의를 들어야 합니다. 영화는 배우들의 소리가 비교적 빠르고 스토리라인도 복잡하기 때문에 길고 어려운 문장을 파악하는 데 도움이 됩니다. 배경음이 굉장히 크고 다양한 발음을 가진 배우들이 출연하며 스토리라인도 반전, 복선 등 많은 요소들이 가미됩니다.

영어 듣기 능력을 향상시키기 위해서 영어의 3요소, 즉 발성, 강세, 리듬을 익힐 필요가 있다고 항상 강조합니다. 애니메이션으로 훈련할 때는 어느 정도의 반복 훈련만으로 잘 들을 수 있는 문장들이 많지만, 영화는 3요소 훈련 없이 들을 수 없는 문장이 많습니다. 영화 훈련을 통해서 영어의 소리 3요소를 익히는 데 초점을 맞추는 게 중요하고, 영화를 들을 수 있으면 웬만한 애니메이션은 큰 어려움 없이 들을 수 있습니다.

코어소리영어 사이트(www.coresoundenglish.com)에서는 여러 가지의 영화를 훈련할 수 있습니다. 로맨스 영화로는 비교적 내용 파악이 쉽고 일상생활에 바로 쓸 수 있는 문장을 익힐 수 있습니다. 전쟁이나 액션 영화로는 다양한 배경에 쓰이는 단어들과 표현들을 익히는 데 큰 도움이 됩니다. 코어소리영어 영화실전 강의를 통해 총 500문장을 배울 수 있으며 수십 장면을 통해서 영어 실력을 크게 높일 수 있습니다.

강의수

· 총 164강

난이도

· 중급

강의특징

· 애니메이션 문장을 소리 3요소로 분석합니다.
· 동시 통역사들의 최고의 방법인 쉐도잉 기법으로 트레이닝합니다.
· 전문 훈련 프로그램을 이용해 영어를 체화합니다.

강의대상

· 영화로 영어를 정복하고 싶은 분
· 영화를 자막 없이 시청할 수 있는 실력을 원하시는 분
· 단어나 문법 없이 수백 문장으로 영어를 한국어처럼 듣고 싶으신 분

훈련분량

· 총 500개 이상의 문장을 해석 없이 한국어처럼 듣기 훈련을 합니다.

훈련 후 기대할 수 있는 점

· 원어민과 동일한 소리를 낼 수 있게 됩니다.
· 영화나 드라마를 자막 없이 시청할 수 있게 됩니다.

1000 완성

애니메이션을 통해 400 문장, 영화를 통해 500 문장을 익히면 총 900 문장이 내 것이 됩니다. 마지막으로는 1000 완성을 통해 미국, 영국, 호주 등 다양한 나라의 발음과 표현들을 익힐 수 있습니

다. 뿐만 아니라 가장 어려운 문장을 100개 엄선했기 때문에 일반 문장에 비해 10배의 학습효과를 볼 수 있습니다. 영어는 한국어와는 달리 강세언어, 박자언어에 속하기 때문에 영어 특유의 리듬을 자연스럽게 익힐 수 있습니다. 1000 문장을 완성하면 거의 모든 영어를 듣자마자 바로 쉐도잉할 수 있는 실력을 배양하게 됩니다.

강의수
· 총 101강

난이도
· 상급

강의특징
· 영어 문장들 중 가장 빠르고 듣기 어려운 소리를 엄선합니다.
· 엄선된 문장들을 내용어와 기능어로 분류 및 분석합니다.
· 한국인이 듣기 어려운 소리인 기능어 위주로 훈련합니다.

강의대상
· 시험에선 고득점을 받지만 실제 원어민 듣기가 안 되는 분
· 한정된 듣기가 아닌 뉴스, 영화, 미드를 자유롭게 듣고 싶은 분
· 단어 위주의 듣기가 아닌 완벽한 듣기를 원하시는 분
· 코어소리영어 애니메이션 및 영화 강의를 끝낸 분

훈련분량
· 고난이도 100문장

훈련 후 기대할 수 있는 점
· 코어 1000문장 마지막 과정으로 모든 문장을 들을 수 있게 됩니다.

코어소리영어
학원소개

위치 　**서울 강남구 테헤란로 22길 9
　　　아름다운 빌딩 4층**
문의 　**1661-4347**

　코어소리영어 학원은 집중적으로 영어 훈련 하기를 원하는 사람들을 위해 설립했습니다. '1만 명 이상의 한국인들이 자유롭게 영어로 의사소통할 수 있도록 돕겠다'는 비전을 가지고 있습니다. 형식적인 영어 시험의 중요성은 점점 떨어지지만 실직적인 회화의 중요성은 늘고 있는 시기이기에 많은 분들이 훈련에 참가하고 있습니다. 강남 테헤란로에 위치하고 있고 역삼역에서 도보로 3분 거리입니다. 평일반과 주말반을 운영하고 있어 언제든 참여가 가능합니다.

　현재 총 3개반(애니메이션 훈련반, 영화 훈련반, 스토리텔링반)을 운영하고 있습니다. **애니메이션이나 영화 훈련반**은 한 편을 처음부터 끝까지 훈련할 수 있도록 돕는 훈련반입니다. 강의 진행 방식은 온라인 강의와 동일합니다. 영화에 나오는 대사를 한 문장씩 듣고 그 문장의 발성과 강세 및 리듬을 익히는 훈련을 합니다. 일반 학원에서 단어나 문법을 암기하는 방식을 생각하고 오시는 분들은 당황하는 경우가 많지만 금세 영어 훈련에 임합니다. 영화 한 편을 통째로 훈련하기 때문에 수업을 열심히 따라가면 영화 한 편 씹어먹기의 훈련을 모두 마칠 수 있습니다.

스토리텔링반은 교포 및 원어민 선생님이 수업을 진행합니다. 영화 한 편 훈련을 통해서 듣기 실력이 향상된 수강생들에게 적합한 강의입니다. 원어민처럼 유창하게 말을 하기 위해 엄마의 말을 듣고 알아들을 수 있게 된 아기가 옹알이를 하듯 영어로 말하는 훈련이 큰 도움이 됩니다. 선생님이 영어로 된 이야기를 들려주면 관련된 수십 개의 질문을 영어로 대답하는 방식으로 훈련합니다. 영화를 통해서 듣기가 익숙해졌기 때문에 30~50개의 스토리를 익히면 영어 입이 트입니다.

코어소리영어 온라인 회원 및 오프라인 강의에도 참석하여 영어 훈련에 집중하고 있습니다. 온라인 수업만으로 부족하거나, 올바르게 훈련하고 있는지 궁금하다면 오프라인 수업에 참여하여 더욱 확실한 코칭을 받을 수 있는 기회를 잡으시기 바랍니다.

학력도 스펙도 나이도 필요없는
신왕국의 코어소리영어

근데,
영화 한 편
씹어먹어 봤니?

초판 1쇄 발행 2017년 9월 29일
초판 11쇄 발행 2019년 4월 10일

지은이 신왕국
펴낸이 김선식

경영총괄 김은영
책임편집 이여홍 디자인 김누 책임마케터 최혜령
콘텐츠개발5팀장 이호빈 콘텐츠개발5팀 봉선미, 김누, 김다혜, 권예경
마케팅본부 이주화, 정명찬, 최혜령, 이고은, 이유진, 허윤선, 김은지, 박태준, 배시영, 박지수, 기명리
경영관리본부 허대우, 박상민, 윤이경, 김민아, 권송이, 김재경, 최완규, 손영은, 이우철, 이정현

펴낸곳 다산북스 출판등록 2005년 12월 23일 제313-2005-00277호
주소 경기도 파주시 회동길 357 3층
전화 02-704-1724
팩스 02-703-2219 이메일 dasanbooks@dasanbooks.com
홈페이지 www.dasanbooks.com 블로그 blog.naver.com/dasan_books
종이 (주)한솔피앤에스 출력·인쇄 갑우문화사 후가공 평창P&G 제본 정문바인텍

ISBN 979-11-306-1442-7 (03320)